Barbara Veit

TATORT UMWELT

Gefährliches Strandgut

CIP-Kurztitelaufnahme der Deutschen Bibliothek

Veit, Barbara:
Tatort Umwelt / Barbara Veit. –
München: F. Schneider
 (S-Abenteuer)

Gefährliches Strandgut. – 1987.
 ISBN 3-505-09520-6

© 1987 by Franz Schneider Verlag GmbH
8000 München 46 · Frankfurter Ring 150
Alle Rechte vorbehalten
Umschlagfoto: Hubertus Mall, Stuttgart
Umschlaggestaltung: Claudia Böhmer, München
Lektorat: René Rilz
Herstellung: Brigitte Matschl
Satz/Druck: Presse-Druck Augsburg
ISBN: 3 505 09520 6
Bestell-Nr.: 9520

1 Die Tonne rollte träge in der leichten Dünung. Als ein Wellenberg über sie hinwegglitt, tauchte sie unter. Helle Wolken hingen tief über der endlosen Wasserlandschaft, die sich hob und senkte und ziellos umherschwappte. Hin und wieder ließen ein paar Sonnenstrahlen den einen oder anderen Wellenhügel dunkelgrün aufleuchten. Jetzt kam die Tonne mit einem dumpfen Glucksen an die Wasseroberfläche zurück. Nur ihr oberer Rand war sichtbar. Er war schwarz, ein winziges Stück Schwarz in der Nordsee.

Die Tonne nahm, getrieben von der Flut, Kurs auf die Küste, und einmal ließ sich eine Möwe für eine kurze Rast auf ihr nieder. Gegen Abend erreichte sie die große Schiffahrtsstraße vor den Ostfriesischen Inseln. Ein riesiger, schon etwas rostiger Frachter, der Tapiokamehl geladen hatte und nach Hamburg unterwegs war, hätte sie beinahe gerammt. Keiner an Bord bemerkte allerdings diesen Beinahe-Zusammenstoß. Es schwamm viel herum im Meer.

Zwischen Borkum und Juist strandete die Tonne für eine Weile auf einer Sandbank, die gewöhnlich von Seehunden als Ruheplatz benutzt wurde. Doch die Flut war an diesem Tag höher als an anderen Tagen, und so wurde die Tonne schließlich in die Fahrrinne geschwemmt, die das offene Meer mit dem Watt verband.

Kurz vor Einbruch der Dunkelheit sichtete der Skipper eines Ausflugsbootes das schwarze Faß, und er erzählte den Feriengästen eine lange, unterhaltsame Geschichte über die Strandräuber, die früher auf den Inseln gelebt hatten.

Nach dieser Begegnung verschwand die Tonne in der Dunkelheit. Gegen Morgen war das Wasser wieder abgelaufen, und als die Sonne aufging, lag die Tonne weithin sichtbar auf dem glatten, schwarz glänzenden Wattboden, der von silbernen Adern durchzogen wurde.

2 Philip Sternberg blieb vor dem großen, grauen Haus stehen, das an einem Seitenkanal des Hamburger Hafens lag. Es war eines jener Geschäftshäuser oder Kontore, wie man in Hamburg sagt, die schon bessere Zeiten gesehen hatten. Trotz der schmutzig-grauen Farbe zeigte die Anordnung der Fenster und Simse noch heute den kühnen architektonischen Entwurf dieses Bauwerkes. Riesige engelsgleiche Figuren stützten das Portal. Ihre Gesichter hatten dunkle Streifen wie Spuren breiter Tränenbäche, und ihre steinernen Muskeln wirkten porös. *Haus der Seefahrt* stand in stumpfen goldenen Buchstaben über der Eingangstür.

Sternberg lächelte und sog die Hafenluft tief in seine Lungen. Es roch wie immer nach tausenderlei Substanzen: nach Schwefel, Rauch, Öl, Salzwasser und Abfall. Obwohl diese Luft sicher keine Wohltat für seine Lungen war, liebte er sie. Es war eine Luft, die Geschichten erzählte. Hier war er vor sechs Jahren aus- und eingegangen. Dies war einmal das Zentrum seines Lebens, seiner Aktivitäten gewesen. Er schaute zu den Fenstern im zweiten Stock hinauf. Vom Hafen her tönte das gleichmäßige, ihm wohlvertraute Geräusch einer Dampframme.

Sternberg fröstelte, denn eine heftige, kalte Sturmbö blähte seinen Mantel auf. Schnell stieß er die Eingangstür auf und studierte die Schilder, die an den Seitenwänden des Durchgangs angebracht waren.

E. F. Berens, Import-Export. Gewürzkontor. Frank und Perez, Import-Export. Greenpeace e. V.

„Fast wie in alten Zeiten", dachte er. „Jetzt wird es gleich nach allen möglichen Gewürzen duften, und ich werde Hunger bekommen wie damals, wie jeden Morgen, wenn ich hier hereingekommen bin."

Er öffnete die zweite Tür und trat in die große, etwas schmuddelige Eingangshalle, deren Türen wie Zugänge zu Tresorräumen aussahen. Es roch überwältigend nach Zimt, Muskat, Lorbeer und Curry. Sternberg spürte, wie ihm das Wasser im Mund zusammenlief.

„Wie ein Pawlowscher Hund", dachte er und lächelte über sich selbst.

Im Treppenhaus schwang sich ein anmutig gedrechseltes Geländer hoch hinauf. Sternberg ging zu Fuß; den Aufzug hatte er schon damals nicht gemocht, denn er rumpelte und quietschte und blieb häufig stecken. Im ersten Stock stieß er auf eine Tür, die mit einem bunten Regenbogen bemalt war. *Greenpeace-Büro* stand auf einem kleinen Schild. Sternberg sah sich um. In allen Stockwerken, die er überblicken konnte, leuchteten Regenbögen von den Türen. „Ganz schön expandiert", dachte er und legte die Hand auf die Türklinke. Er zögerte.

„Hoffentlich sind sie noch wie damals", dachte er.

„Hoffentlich sind sie nicht geschäftsmäßig, routiniert, bürokratisch." Er drückte noch immer nicht auf die Klinke, sondern dachte kurz über sich selbst nach. Seit zwei Jahren war er Kommissar bei der deutschen Umweltzentrale, die nach längerem politischem Ringen in München eingerichtet worden war. Er selbst verhielt sich inzwischen sicher manchmal geschäftsmäßig, unfreundlich und bürokratisch. Aber zumindest nicht immer, nur bei Fällen, die aussichtslos und langweilig waren.

Entschlossen öffnete er die Tür zum Greenpeace-Büro. Er

unterdrückte ein Lachen, denn alles sah so vertraut und chaotisch aus, wie er es in Erinnerung hatte. Am Fenster stand ein völlig mit Papier überladener Schreibtisch, die Regale an den Wänden quollen über von T-Shirts, Aufklebern, Büchern und Informationsblättern.

Auf dem Schreibtisch saß eine Frau, die gerade telefonierte. Sie nickte etwas unkonzentriert in seine Richtung und bedeutete ihm zu warten.

Sternberg betrachtete die Bücher – er kannte die meisten. Es waren Werke über den Kampf gegen Atomversuche im Südpazifik, über die Rettung von Robben und Walen, Atommüllversenkung, Chemieunfälle, Wasserverschmutzung, bedrohte Tierarten, Waldsterben ... Es waren die alten Probleme, die immer wieder zu neuen wurden. Eine hübsche Sammlung von Katastrophen, die in dieser Konzentration kaum zu ertragen war.

Sternberg faltete ein T-Shirt auseinander. Unter dem bunten Regenbogen fuhr nicht mehr die sagenhafte *Rainbow Warrior*, die vor fünf Jahren in Neuseeland vom französischen Geheimdienst versenkt worden war, sondern ein deutsches Schiff namens *Strandflieder*.

Die Frau auf dem Schreibtisch schwang die Beine herum, legte den Hörer auf und schrieb etwas auf einen Zettel.

„Guten Tag", sagte sie dann sehr norddeutsch, ein wenig durch die Nase. „Was kann ich für Sie tun?"

Sternberg kannte sie nicht. Vor fünf, sechs Jahren hatte eine andere junge Frau an ihrer Stelle gearbeitet. Trotzdem wirkte sie irgendwie vertraut: kurze blonde Haare, blaue Augen, ein herbes, hübsches Gesicht. Vermutlich war sie Ende Zwanzig oder kaum älter. Sie trug einen lässigen Pullover und Jeans.

„Guten Tag", erwiderte Sternberg ihren Gruß. „Mein Name ist Philip Sternberg. Ich komme von der Umweltzentrale der Polizei. Ich bin mit, na ja, eigentlich mit der gesamten Führungsmannschaft verabredet."

Die junge Frau riß die Augen auf und nickte heftig. „Ja, ja, die warten schon auf Sie. Die sitzen alle oben im Konferenzraum. Sie haben gerade eine Lagebesprechung – ganz vertraulich, aber Sie können trotzdem raufgehen."

Sie lächelte ein bißchen verächtlich und überlegen, wie eine Mutter, die verrät, daß Papa im Bastelkeller wieder an der elektrischen Eisenbahn baut. Sternberg fühlte sich unbehaglich, doch er wußte genau, woher dieses Lächeln kam. Greenpeace war schon immer eine sehr hierarchisch aufgebaute Organisation gewesen. Oben die Insider und Campaigner und unten die Ausführenden, die deren Anweisungen entgegennahmen. Er hatte damals auch seine Probleme mit dieser Machtverteilung gehabt; allerdings war er schnell in die Führungsgruppe aufgestiegen...

„Sie können ruhig raufgehen. Vierter Stock, links", wiederholte die Sekretärin. „Aber Sie kennen sich doch hier sowieso aus. Sie waren doch mal dabei, oder?"

„Ja", antwortete er unbestimmt.

„Merkwürdig", erwiderte sie, fast zu sich selbst sprechend, „meistens ist es hier umgekehrt. Es gibt immer wieder Polizisten, die zu uns überwechseln. Aber Sie sind, glaube ich, der einzige, der von Greenpeace zur Polizei ging."

Sternberg zupfte an seinem Schnurrbart und murmelte: „Das muß es doch auch einmal geben, oder?" Er fühlte sich beinahe schuldbewußt unter ihren kritischen und aufmerksamen Blikken. Plötzlich wurde er sich seines maßgeschneiderten englischen Tweedjacketts bewußt, das er unter dem Mantel trug, und seiner etwas zu kurzen Hosen, die bei der letzten Wäsche eingegangen waren. Er schaute auf seine Turnschuhe und ließ seinen Blick dann zu ihren modischen Stiefeln wandern.

Als sich ihre Augen wieder trafen, konnten die beiden ein Lachen kaum unterdrücken.

„Also, ich gehe jetzt", sagte er.

Sie hatte inzwischen wieder eine unpersönliche Miene aufgesetzt. „Das ist ja eine ganz schön brisante Sache", bemerkte sie.

„Ach, Sie wissen, um was es sich handelt?" fragte er mit gespieltem Erstaunen.

„Was denken *Sie* denn? Ich sitze ja hier an der Quelle. Es gibt kaum etwas, das ich nicht weiß."

Sternberg lachte leise. Es war wirklich alles so wie vor sechs Jahren. Auch damals hatte die Sekretärin einen sechsten Sinn für jede Geheimaktion gehabt und eigentlich immer alles gewußt. Aber sie war zuverlässig gewesen und hatte nie eine Information weitergegeben. Es war nur das Gefühl der Macht, das sie brauchte, ein Gefühl von Überlegenheit, das sie der Wichtigkeit der anderen entgegensetzen konnte. Sternberg nickte der jungen Frau freundlich zu und schloß die Tür hinter sich. Während er die Treppen hinaufstieg, konnte er in die Empfangsräume der Import-Export-Firma Berens sehen. Anstelle einfacher Holztüren wie bei Greenpeace gab es dort gläserne Schwingtüren und dahinter einen eleganten Schreibtisch mit Dame, weichen Teppichboden und große Grünpflanzen. Das alles wirkte in diesem alten Haus sehr verwirrend, gerade so, als hätte man eine Filiale der Chase Manhattan Bank in einen Bunker eingebaut.

Sternberg ließ seine Finger über die Rundungen des Geländers gleiten. Hier hatten sie damals mit einem ganz dünnen Seil geübt, wie man Schornsteine besteigt; es war ziemlich angsterregend gewesen.

Er war jetzt im vierten Stock angekommen, lief aber noch weiter hinauf und schaute in die Tiefe. Damals hatte er es nur einmal versucht, am Seil hinaufzuklettern und sich dann abzuseilen. Es war ja nicht seine Aktion gewesen, aber er hatte sich selbst beweisen wollen, daß er es schaffte. Ein Mädchen hatte ihnen diese Klettertechnik beigebracht. Er erinnerte sich genau an sie. Sie war groß und dunkelhaarig, ging geduldig und bedächtig mit dem Seil um und hatte ihnen sogar zugemutet, im Treppenhaus schwebend zu übernachten – zum großen Erstaunen der Angestellten vom Gewürzkontor, die schon früh mit der Arbeit begannen und sich angesichts der Schlafenden, die wie riesige Schmetterlingskokons im Treppenhaus hingen, sehr erschreckt hatten.

Sternberg kehrte langsam wieder in den vierten Stock zurück und suchte die Tür zum Konferenzzimmer. Auf dem Heizkörper neben der Tür stand ein voller Aschenbecher, und am Türstock klebte ein Schild: Nichtraucher-Zimmer.

Sternberg klopfte. Als keine Reaktion erfolgte, öffnete er die Tür und fand eine Gruppe von Menschen, teils am Boden sitzend, teils an Schreibtische gelehnt. Nur wenige saßen auf Stühlen. Sie blickten kaum auf, als er den Raum betrat. Auch das kannte er von früher: Sie waren immer so beschäftigt gewesen, und es schien auch selbstverständlich, daß irgendwelche Leute durchs Zimmer gingen – eine endlose Reihe von freiwilligen Helfern, deren Gesichter man sich ohnehin nicht merken konnte. Es war eine Art von Grundvertrauen, die Sternberg manchmal mit Grauen erfüllt hatte, denn wie leicht hätte in diesen schwierigen Zeiten auch einmal einer dabeisein können, der einfach herumballerte oder die Greenpeacer als Geiseln nahm! Glücklicherweise war das bisher noch nie geschehen, und Gewalt gegen Greenpeace hatte sich nur in Anschlägen auf Schiffe ausgedrückt.

Sternberg räusperte sich und steckte die Hände tief in die Taschen seines hellen Regenmantels. Eine Frau warf ihm einen prüfenden Blick zu, dann sprach sie weiter. Er räusperte sich noch einmal.

„Is' was?" fragte ein junger Mann mit kreisrunder Brille, der einen dunkelblauen Seemannspullover trug.

„Ja", erwiderte Sternberg ruhig, obwohl er leichten Ärger in sich aufsteigen spürte. „Es ist was. Ich bin Philip Sternberg von der nationalen Umweltzentrale, und ich glaube, ihr wollt etwas von mir, wenn ich mich nicht täusche."

Schweigen senkte sich über die sieben Menschen, die bis dahin heftig diskutiert hatten. Sternberg fühlte sich von ihren

Blicken förmlich auseinandergenommen.

Schließlich stand einer der Männer langsam auf. Er war rothaarig, trug einen verwegenen Bart und hatte eine seltsam zerfurchte Haut. Trotzdem war er sicher nicht älter als Ende Zwanzig. Seine dunkelblauen Augen waren von unzähligen Lachfalten umrahmt, und unzählig waren auch die Sommersprossen in seinem Gesicht. Mit einer geschmeidigen Bewegung stieg er über eine am Boden sitzende Frau hinweg und blieb vor Sternberg stehen.

Er verschränkte die Arme über seiner Brust. „Du bist also der sagenhafte Bulle, der hier einmal mitgemischt hat..."

Sternberg schaute auf seine Schuhe. Wieder fühlte er sich so, als müsse er sich dafür entschuldigen, bei der Polizei zu arbeiten, als erwarteten die anderen eine Erklärung oder Rechtfertigung von ihm.

Er zog den Kopf leicht zwischen die Schultern und verschränkte ebenfalls die Arme.

„Na ja", sagte er zögernd. „Wenn du das so ausdrücken willst..."

Die Frau, die vor ihm auf dem Boden saß, drehte sich um. Sie hatte dunkelbraune, kurze Locken und einen entschlossenen Gesichtsausdruck.

„Nun mach mal nicht so einen Aufstand, Piet", sagte sie leise, aber bestimmt. „Willkommen bei Greenpeace. Wir sind froh, daß Sie so schnell gekommen sind, denn wir brauchen in diesem Fall wirklich Unterstützung!"

„Okay", murmelte Piet und rubbelte seinen roten, offensichtlich sehr kratzigen Bart.

„Ich bin Anne", stellte sich die junge Frau vor. „Wir hier sind Mitglieder des Vorstands und haben gerade darüber gestritten, ob es falsch oder richtig war, Sie anzurufen. Ich halte es für richtig, denn dieser Fall ist eine Nummer zu groß für uns. Wir wollten nur nicht irgendeine Polizei verständigen...", sie lächelte plötzlich ein bißchen verlegen, „...und wir hatten Sie noch in unserer Kartei."

Sternberg nickte.

„Es geht um etwas, das wir noch nicht richtig einordnen können... Aber jetzt setzen Sie sich doch erst einmal. Wollen Sie einen Tee?"

„Ja, gern", antwortete Sternberg und überlegte, ob er seinen Mantel ausziehen sollte. Schließlich behielt er ihn an und setzte sich auf einen leeren Klappstuhl. Einer der Männer stellte eine dampfende Tasse vor ihn hin.

„Also, worum geht es?" fragte Sternberg und sah jeden einzelnen der Reihe nach an, während er vorsichtig einen Schluck trank. Es waren sehr unterschiedliche Gesichter – junge und ältere –, in die er blickte. Fünf Männer und zwei Frauen, alle leger gekleidet, alle ein wenig angestrengt dreinblickend, und einige waren sogar ausgesprochen blaß: das Management der erfolgreichsten Umweltorganisation.

Der Mann mit den kreisrunden Brillengläsern begann zu sprechen. Er war sehr dünn und groß und bewegte nervös seine schmalen Hände.

„Ich bin Steven, Leiter der Artenschutzgruppe. Es geht um eine Tonne, die wir im Wattenmeer aufgelesen haben. Wir waren unterwegs, um Wasser- und Bodenproben einzusammeln, und dabei lief uns die Tonne sozusagen über den Weg. Sie lag eines Morgens mitten im Watt. Wir dachten zuerst, es handle sich um eine ganz gewöhnliche Tonne, und haben sie eher aus Spaß angesehen. Sie war schwarz, und an einer Stelle konnte man undeutlich das Strahlenemblem erkennen, also das Zeichen, das vor radioaktivem Inhalt warnt. Es war übermalt, aber noch zu sehen."

Er machte eine Pause und rückte seine Brille zurecht.

„Wir haben die Tonne an Bord genommen, und dort ist sie immer noch. Sie steckt in einem strahlensicheren Behälter, denn die Untersuchung mit unserem Geigerzähler war deutlich genug. Es ist also etwas drin, und es strahlt. Außerdem ist es keine alte Tonne. Sie ist – im Gegenteil – nagelneu: kein Bewuchs, keine Muscheln, keine Spur von Rost. Sie ist ganz blank und sauber."

„Wir würden sie gern öffnen, aber das ist zu gefährlich", fuhr die andere Frau im Zimmer fort. Sie war sehr blaß und hatte langes, dichtes, blondes Haar. „Wir haben keine Möglichkeit, strahlendes Material zu untersuchen, deshalb brauchen wir Hilfe. Es kann die Spur zu einer ziemlich schlimmen Geschichte sein, denn die Versenkung von Atommüll ist schon seit zwei Jahren verboten."

Sternberg trank noch einen Schluck Tee und verbrannte sich dabei zum zweiten Mal die Lippen. Er überlegte sorgfältig. Es stimmte, daß seit zwei Jahren die Versenkung von radioaktiven Abfällen in den Weltmeeren verboten war. Das hieß aber noch lange nicht, daß sich auch alle Länder oder Unternehmen daran hielten. Es drohten zwar hohe Gefängnis- und Geldstrafen, doch in England waren schon mehrmals Verstöße gegen das Verbot entdeckt worden. Nur die Verantwortlichen hatte man noch nicht gefunden – oder nicht finden wollen.

„Könnte die Tonne leer sein?" fragte Sternberg.

„Nein", antwortete Piet, „denn sie ist ziemlich schwer, und wir brauchten den Kran, um sie an Bord zu holen. Allerdings ist sie leicht genug, um zu schwimmen."

„Und warum habt ihr euch nicht an die zuständige Landespolizei oder die Wasserschutzpolizei gewandt?" fragte Sternberg.

Piet schob die Ärmel seines Pullovers zurück und rieb sich die Handgelenke. Offensichtlich kratzte der Pullover, denn die Haut seiner Arme zeigte eine leichte Rötung.

Anne warf einen belustigten Blick auf Piet, sah dann Sternberg an und sagte: „Wir haben in der letzten Zeit keine besonders guten Erfahrungen mit der Wasserschutzpolizei gemacht. Sie kümmert sich weniger denn je um Umweltgeschichten und behindert uns, wo sie nur kann. Es schien uns deshalb wenig sinnvoll zu sein, ausgerechnet die einzuschalten."

Sternberg schlug die Beine übereinander und stützte das Kinn in seine rechte Hand. „Ihr wißt genau, daß es Zuständigkeitsgerangel geben wird. Obwohl ich Vertreter der bundesweiten Umweltzentrale bin, werden die Ostfriesen sauer sein, denn schließlich wurde die Tonne innerhalb ihrer Landesgrenzen gefunden. Es gibt bisher keinen Hinweis auf eine überregionale Angelegenheit. Außerdem...", er machte eine kleine Pause, „...habt ihr Beweismaterial vom Fundort entfernt. Das ist eigentlich strafbar."

Piet grinste, und sein Gesicht verzog sich dabei auf bemerkenswerte Weise. Seine Augen wurden zu schrägen Schlitzen, die Lachfalten breiteten sich sternförmig über seine Backen aus, und der Bart öffnete sich und gab kräftige weiße Zähne frei. Sternberg betrachtete ihn verblüfft. Er hatte selten solch eine heftige Verwandlung eines Gesichtes gesehen.

„Das", sagte Piet, „ist wohl mehr dein Problem – ich meine das Zuständigkeitsgerangel. Wir wollten nur jemanden finden, der in die Tonne guckt und sie nicht etwa verliert oder so etwas Unglückliches..." Er lachte glucksend.

Sternberg starrte ihn noch immer an. Er hatte noch nie jemanden so lachen sehen. Ja, er verwandelte sich beim Lachen in einen anderen Menschen, er glich einem Chinesen. Plötzlich wurde Sternberg bewußt, daß Piet wieder ernst geworden war und nun seinerseits ihn anstarrte. Er senkte den Blick. „So ähnlich habe ich früher auch einmal gedacht, aber jetzt muß ich mich mit den Behörden herumstreiten. Das ist auch nicht besonders witzig", murmelte er.

Piet warf ihm einen Blick zu, der ganz deutlich sagte: Warum gehst du auch zur Polizei.

Sternberg erwiderte seinen Blick und zuckte die Achseln. „Also, nun zeigt mir mal auf der Karte, wo ihr die Tonne gefunden habt."

Anne breitete eine Seekarte auf dem Boden aus und zeigte

auf eine rot markierte Stelle. Sternberg brauchte eine Weile, um sich zwischen den Fahrrinnen, Tiefenangaben, Sandbänken und Inseln zurechtzufinden.

„Wir waren hier unterwegs", erläuterte Piet und zeigte mit seinem Finger auf das Wattenmeer zwischen Juist und Borkum.

„Piet ist übrigens der Skipper auf der *Strandflieder*", warf Anne ein.

„Wir wollten rüber nach Holland", fuhr Piet fort. „Wir hatten vertrauliche Informationen bekommen, daß dort aus einem Tanker eine Menge Zeug abgelassen worden sein soll, das nicht ins Watt gehört. Und hier...", er legte seinen Finger auf die markierte Stelle, „genau hier lag die Tonne. Sie muß von der Flut angespült worden sein. Es ist unwahrscheinlich, daß jemand sie im Watt verloren hat oder sie dort versenken wollte. Wenn man da etwas verschwinden lassen will, dann muß man es im Schlick vergraben. Nein, ich glaube, sie kam aus der offenen See hier herein..." Er beschrieb mit seinem kräftigen Finger einen Bogen um die Inseln. „Die Frage ist nur, wo sie herkommt. Wir haben im Watt auch schon Sonnenschirme aus England gefunden!"

„Und ihr habt keine Informationen – so rein zufällig –, woher diese Tonne stammen könnte?" fragte Sternberg und sah Piet und Anne scharf an. „Aus alter Erfahrung weiß ich, daß kaum jemand so gute Informationen hat wie Greenpeace."

Als Sternberg in die teils verlegenen, teils empörten Gesichter der Greenpeacer sah, mußte er lächeln. Es war wirklich fast alles so wie in alten Zeiten. Auch damals hatten sie mehrmals mit der Polizei zusammengearbeitet, um Verursacher von Umweltverschmutzungen dingfest zu machen. Aber nie waren Informanten preisgegeben worden.

„Na, dann bleibt uns ja wirklich nur eines: wir müssen die Tonne öffnen. Aber das geht wiederum nur mit Hilfe des Hamburger Umweltdezernats und des Kernforschungsinstituts

Brokdorf."

Sternberg wartete ein wenig, um die grimmigen Gesichter auf sich wirken zu lassen. Alle sieben erschienen geradezu erschüttert. Ihm selbst war auch nicht wohl, als ihm die Bedeutung seiner Worte bewußt wurde. Es war gedankenlos gewesen, fast taktlos – nur war ihm nichts anderes eingefallen.

Brokdorf war immer noch ein Reizwort für alle Umweltschützer. Gegen Brokdorf hatten vor zehn Jahren Tausende gekämpft; dennoch war dieses Kernkraftwerk gebaut worden und auch einige Jahre in Betrieb gewesen. Vor zwei Jahren hatte es allerdings seine Stromproduktion eingestellt und war in ein Kernforschungszentrum umgewandelt worden, das von der Bevölkerung jedoch ebenfalls mit höchstem Mißtrauen betrachtet wurde.

Greenpeace hatte im letzten Jahr zweimal radioaktiv verseuchte Abwässer nachgewiesen – deshalb waren die entsetzten Gesichter der Greenpeacer durchaus verständlich.

Anne hatte sich als erste wieder gefangen. „Also deswegen hätten wir Sie hier nicht gebraucht, um die Tonne ausgerechnet in Brokdorf öffnen zu lassen. Ich finde das regelrecht geschmacklos. Vielleicht stammen die Abfälle in der Tonne ja aus Brokdorf..."

Sternberg machte eine beschwichtigende Handbewegung.

„Entschuldigung", sagte er. „Ich weiß auch nicht genau, was in mich gefahren ist, aber seit ich dieses Haus betreten habe, bin ich irgendwie unernst geworden. Ich freue mich einfach darüber, wieder hier zu sein, und es macht mir auch Spaß, euch zu provozieren."

Er war sich durchaus bewußt, daß er nicht ganz aufrichtig gesprochen hatte, denn er spürte nicht nur Freude, sondern auch Schmerz darüber, daß ihm erst hier klargeworden war, wie weit der Lebensabschnitt Greenpeace für ihn bereits zurücklag, unwiederbringlich sozusagen. Er freute sich sehr darüber, daß es die Greenpeacer noch gab, aber er empfand auch Neid, daß er nicht mehr zu ihnen gehörte. Sein Blick wanderte an den einfachen Bücherregalen entlang zum Fenster, das ein wenig klapperte, weil der Sturm draußen zugenommen hatte. Dieses Zimmer hatte es damals noch nicht gegeben, aber der Blick über die alten Lagerhäuser und die Ladekräne war ihm vertraut.

Die sieben Greenpeacer betrachteten ihn ruhig.

„Und?" fragte Piet schließlich. „Was ist dein Alternativvorschlag?"

„Wo liegt die *Strandflieder* im Augenblick?" fragte Sternberg.

„Da unten!" Piet deutete mit dem Daumen in Richtung Fenster.

„Dann laßt uns doch mal gemeinsam runtergehen. Allerdings muß ich vorher noch telefonieren."

3 Carla Baran war gerade dabei, ihren Morgenkaffee zu trinken. Sie hatte die Zeitung aufgeschlagen und die Akten zur Seite geschoben. Ganz automatisch las sie die Meldungen: erst die Überschriften und dann ein Stück in den Artikel hinein. Nach einer Weile wurde ihr bewußt, daß sie aufgehört hatte, den Sinn des Gelesenen aufzunehmen.

„Es ist langweilig", dachte sie, „es ist absolut entsetzlich langweilig, jeden Tag die Fortsetzungsgeschichten über Korruptionsskandale, auf der Stelle tretende Verhandlungen oder wahnsinnige Weltraumkonzepte zu lesen."

Sie trank einen Schluck Kaffee. Er war kalt geworden, und sie schüttelte sich.

„Ich spüre ununterbrochen kleinen und mittleren Umweltsündern nach, und im großen wird soviel neuer Mist gemacht, daß meine Arbeit fast lächerlich wirkt", dachte sie.

Dann stellte sie die Tasse energisch auf den Schreibtisch

zurück. Es klirrte laut in die Stille ihres Arbeitszimmers hinein, und sie lauschte dem Geräusch nach.

„Klassischer depressiver Anfall!" sagte sie laut und stand auf. Nachdenklich ging sie hin und her, betrachtete sich kurz im Spiegel und nickte grimmig. Unter ihren Augen lagen dunkle Ringe. Sie hatte letzte Nacht schlecht geschlafen – eigentlich wußte sie nicht, warum. Vielleicht lag es daran, daß ihr Leben seit einiger Zeit in beengender Routine ablief: Arbeit bis in die Abendstunden, ein Buch, ein bißchen Fernsehen und wieder Arbeit. Sie war lange nicht mehr ausgegangen... Dabei war die Arbeit in der Umweltzentrale keineswegs langweilig, eher deprimierend. Aber das war vermutlich bei der Mordkommission nicht anders. Ein aufgeklärtes Verbrechen bedeutet noch nicht, daß die Welt besser oder gerechter wird, fand sie.

Sie blieb wieder vor dem Spiegel stehen.

„Wenigstens habe ich bisher keine bitteren Linien um den Mund!" Sie lächelte sich zu und schüttelte ihre rötlich schimmernden Locken. Wie viele Menschen mochten wohl gerade in diesem Moment in unzähligen Büros vor dem Spiegel stehen und sich betrachten?

Als das Telefon plötzlich den üblichen Elektronikton ausstieß, der Carla jedesmal an die Geräusche von Spielautomaten erinnerte, die hartnäckig alle Anwesenden zum Spiel auffordern, zuckte sie leicht zusammen, so als fühlte sie sich ertappt. Sie atmete tief durch, rollte die Schultern, um sich zu lockern, und nahm dann seufzend den Hörer ab.

„Baran, Umweltzentrale", meldete sie sich.

„Hallo, Carla, hier ist Sternberg. Ich wette, du trinkst gerade Kaffee und langweilst dich!"

„Dazu brauchst du keine hellseherischen Fähigkeiten, denn genau das machst du gewöhnlich auch um diese Zeit. Ich hoffe, du langweilst dich in Hamburg nicht. Was gibt es denn?"

Carla hörte Sternbergs leises Lachen.

„Es ist recht unterhaltsam hier", sagte er. „Vielleicht habe ich sogar einen Fall für uns. Ich möchte dich deshalb bitten, eine Liste aller Betriebe in Norddeutschland, Holland, Dänemark, Belgien und Großbritannien zusammenzustellen, die mit radioaktivem Material arbeiten. Außerdem brauche ich eine Liste der Transportunternehmen, die mit der Beseitigung dieses Abfalls beschäftigt sind..."

Sternberg beendete den Satz auf eine Weise, als hätte er etwas Wichtiges nicht gesagt. Er schwieg eine Weile.

„Bist du noch da?" fragte Carla.

„Ja", antwortete Sternberg zögernd. „Es wäre schön, wenn du hier wärst."

„Das ist aber ein bemerkenswerter Auftrag! Soll ich ihn an Hauptkommissar Burger weiterleiten?"

„Entschuldige." Sternberg räusperte sich am anderen Ende der Leitung. „Es war nur ein Ausdruck meines spontanen Gefühls. Du bist doch immer so für spontane Gefühle..."

Carla sah ihren Kollegen und – genau genommen – Vorgesetzten vor sich; vermutlich lächelte er jetzt verlegen und rieb seinen Schnurrbart. Sie mochte Sternberg sehr, aber sie war auch sehr darum bemüht, ihr Verhältnis auf einer freundschaftlichen Ebene zu belassen und keinen Flirt mit ihm anzufangen. Deshalb beschloß sie, nicht auf seine Bemerkung einzugehen.

„Ich wäre auch lieber in Hamburg und würde mit den Greenpeacern reden, als eine Wochenkonferenz mit Hauptkommissar Burger durchzustehen, die...", sie blickte auf ihre Armbanduhr, „... in genau fünfzig Minuten beginnt."

„Das kann ich mir vorstellen", erwiderte Sternberg. „Aber ich kann dir in meiner Funktion als Vorgesetzter eine erfreuliche Mitteilung machen: Ich brauche dich hier dringend! Hiermit gebe ich dir also die offizielle Anweisung, mit einem dicken Aktenordner unter dem Arm nach Hamburg zu kommen. Ich erwarte dich morgen früh. Nachtzug oder Flugzeug, das ist mir egal. Frag Burger, was er genehmigt."

„Und wie begründe ich ihm gegenüber meine plötzliche

Abreise? Ich sollte hier in München eigentlich einen Einleiter von chlorierten Kohlewasserstoffen ins Grundwasser aufspüren."

„Willst du nicht doch lieber Lotto spielen?" fragte Sternberg spöttisch.

„Komm, sparen Sie sich Ihre Anmerkungen, Herr Kommissar! Wenn du erst wieder zurück bist, dann wird es dein Fall, dafür werde ich schon sorgen. Außerdem kannst du sicher sein, daß ich ihn finden werde!" Carla lachte grimmig. „Was also soll ich Burger sagen?"

„Ich werde es ihm selber sagen, sonst glaubt er sowieso nichts, oder er kommt auf die hervorragende Idee, selbst nach Hamburg zu fahren. Also, such die Unterlagen zusammen, und setz dich in Bewegung. Tschüs!"

„Tschüs." Carla versuchte Sternbergs norddeutschen Tonfall nachzumachen, aber es mißlang ihr. Sie legte den Hörer auf, streckte Arme und Beine kräftig von sich und sprang dann mit einem Satz auf. Carla freute sich auf die Fahrt nach Hamburg. Sie lächelte vor sich hin, während sie über das Kompetenzgerangel nachdachte, das seit der Einrichtung einer Bundeszentrale für Umweltverbrechen über sie alle hereingebrochen war. Kaum ein Bundesland, das seine Umweltskandale ausgerechnet nach München abgeben wollte. Hauptkommissar Burger hatte nun zwar ein wichtiges Amt, aber auch viel Ärger. Seine Magenbeschwerden hatten sich deshalb in den letzten Monaten verschlimmert. Manchmal verspürte Carla sogar eine Regung von Mitgefühl ihm gegenüber.

Sie ging zur Tür und bat die Sekretärin, das Material über die Atomanlagen an der Küste zusammenzustellen.

4 Carla hatte einen Platz im Liegewagen nach Hamburg reservieren lassen, nachdem sie Burgers tiefe Gesichtsfalten gesehen hatte. Mit ihm über Schlaf- oder Liegewagen oder sogar über ein Flugticket zu verhandeln, das überstieg ihre Kräfte. Es war sechs Uhr morgens, als sie endgültig nicht mehr schlafen konnte. Die Mappe mit den Unterlagen über Atomindustrien lag im Safe des Schaffners. Carla hatte das Gefühl zu ersticken, so heiß war es in dem engen Abteil. Der Mann auf der Liege links unten schnarchte durchdringend. Draußen war es noch dunkel, nur hin und wieder fiel ein zuckender Lichtschein ins Abteil – wenn der Zug an einem Bahnhof vorüberraste oder ein paar Straßenlaternen am Bahndamm standen.

Carla stützte sich auf einen Ellenbogen und starrte auf den schnarchenden Mann. Dann räusperte sie sich laut und hustete, aber es half nichts. Sie tastete nach der Zeitung, die sie vor dem Einschlafen gelesen hatte, riß kleine Fetzen ab und formte Papierkügelchen daraus. Dann beugte sie sich aus dem schmalen Bett und zielte sorgfältig.

Die ersten beiden Geschosse landeten wirkungslos auf der Brust des Mannes und kollerten auf den Boden. Das dritte aber traf genau die Spitze seiner Nase. Er zog erschrocken mehrmals hintereinander die Luft ein, so daß sein Schnarchen sich zu einem pfeifenden Röcheln steigerte, rieb dann heftig mit einer Hand über sein Gesicht und drehte sich schließlich, ohne aufzuwachen, auf die Seite.

Carla nickte befriedigt und streckte sich wieder aus. Vielleicht würde sie nun doch noch einmal einschlafen können. In

Vor dem Fenster erschien ein Meer von Neonlampen, und der Zug wurde langsamer. Carla erkannte, daß die Lampen eine Art Rangierbahnhof beleuchteten.

Der Intercity fuhr über Brücken und durch die ersten Hafenanlagen. Carla stand auf: Dort lag ein Schiff, hell beleuchtet und riesig wie ein Hochhaus. Sie freute sich wie ein Kind, denn sie liebte die großen Frachter und bekam bei ihrem Anblick jedesmal Fernweh.

„Ich wünsche mir, daß etwas in der Tonne ist und wir wieder einmal richtig zuschlagen können gegen die Mafia der Lebensvernichter", dachte sie. „Wahrscheinlich bin ich eine aggressive Persönlichkeit, denn ich genieße es, wenn es Ärger gibt. Keine besonders angenehme Eigenschaft..."

Der Intercity durchquerte jetzt ein Gelände, das mit flachen Lagerhallen bebaut war. Mittendrin ragte ein schwarzes Hochhaus auf, das in großen Leuchtbuchstaben Reklame für eine Bank machte. Es regnete in Strömen, alles war blaugrau und sah wenig einladend aus. Eine Landschaft aus Beton und nassem Asphalt. Das Wasser lief in dicken Bächen an den Fensterscheiben herab. Der Himmel war eine graue Wand, die Straßen menschenleer.

„Typisch Hamburg", dachte Carla. „Jedesmal, wenn ich hier ankomme, regnet es."

Sie ging zum Schaffner und bat ihn um ihren Aktenkoffer. Der kleine, glatzköpfige Mann mit dem runden Gesicht fragte sie sehr höflich und mit einer entschuldigenden Verbeugung nach dem Schein, den er ihr für den Koffer ausgestellt hatte. Seltsamerweise sprach er mit böhmischem Akzent.

Carla kramte den Schein aus ihrer Handtasche, und er nahm ihn mit spitzen Fingern, drehte ihn um, nickte und setzte seine Brille auf. Dann öffnete er eine Art Safe und reichte ihr mit einer Verbeugung den Koffer.

Carla wandte sich um.

„Sie müssen noch unterschreiben", rief der Schaffner. Sie

lächelte und ergriff den Kugelschreiber, den er ihr entgegenhielt.

„Ich wünsche Ihnen einen angenehmen Aufenthalt in Hamburg. Hoffentlich haben Sie gut geschlafen. Es war leider sehr voll heute nacht, nicht wahr!" Er verbeugte sich noch einmal.

Carla unterschrieb das Formular, nickte und ging zu ihrem Abteil zurück, aus dem die anderen Fahrgäste gerade unglaubliche Mengen von Koffern hievten. Langsam fuhr der Zug in den Hamburger Hauptbahnhof ein.

„Könnte ich bitte meinen Koffer holen?" fragte Carla höflich.

„Sie sehen doch, daß wir noch nicht alles haben. Dort, Edgar, dort ist noch meine Reisetasche. Nein, nicht die, die da!" Es war die Frau des Schnarchers, die aufgeregt in das Abteil wies und dabei die ganze Tür ausfüllte.

„Ich muß jetzt aussteigen, kann ich bitte vorbei!" wiederholte Carla.

„Laß doch die Dame rein, wir müssen ja erst in Altona aussteigen", sagte der Schnarcher, der ansonsten ein höflicher Mensch zu sein schien.

Unwillig gab die Frau den Eingang frei, indem sie sich zur Seite drehte und gegen ein Bett preßte. Carla zwängte sich an ihr vorüber und nahm ihren Koffer. Der Zug hielt mit einem kleinen Ruck, und sie stieß mit der dicken Frau zusammen.

Als Carla endlich den Ausstieg erreicht hatte, war sie schweißgebadet. Der Bahnsteig hatte sich schon wieder geleert, aber Sternberg konnte sie nicht entdecken.

„Er hat verschlafen", dachte Carla. Sie sah sich noch einmal genau um, doch außer ein paar Männern, die an einem Kiosk Kaffee tranken, war niemand zu sehen.

Seufzend nahm sie ihren Koffer auf und wandte sich unschlüssig einem der Aufgänge zu. Der Hamburger Hauptbahnhof hatte auch zu Beginn der neunziger Jahre noch seine Jahrhundertwende-Atmosphäre: hoch und düster, mit eisernen Säulen und vielen Treppen. Carla stieg eine der Treppen hinauf und lehnte sich oben ans Geländer. Von hier aus konnte sie den ganzen Bahnhof überblicken. Alles war grau und traurig, nur die Leuchtreklamen der Buden und Geschäfte im oberen Geschoß der Halle brachten bunte Tupfer in diese kühle Umgebung.

Ein Mann lief eilig die Treppe auf der gegenüberliegenden Seite des Bahnhofs hinunter. Der Intercity war gerade abgefahren, und der Mann drehte sich nach ihm um. Dann stellte er sich auf die Zehenspitzen und blickte suchend hierhin und dorthin. Er ging ein klein wenig nach vorn gebeugt, und sein offener Regenmantel wehte hinter ihm her, während er mit langen Schritten den Bahnsteig entlangtigerte.

Carla lächelte und ließ ihn noch eine halbe Minute lang suchen. Doch als sie gerade rufen und winken wollte, legte der Mann den Kopf in den Nacken und sah zu ihr hinauf. Seine dichten, dunkelblonden Haare waren ein wenig zu lang, und er trug einen weichen Schnurrbart. Jetzt blieb er stehen, steckte beide Hände in die Hosentaschen und sah sie an.

Carla breitete die Arme aus und vollführte eine seltsame Pantomime, halb entschuldigend, halb triumphierend, weil er zu spät gekommen war.

Sternberg lachte und nahm zwei Treppen auf einmal.

„Hallo, da bist du ja endlich! Wie kommst du denn so schnell hier herauf?" rief er.

„Nur um dir zu beweisen, daß du verschlafen hast. Du hast doch verschlafen, oder?"

Sternberg zupfte an seinem Schnurrbart.

„Nein", sagte er. „Ich habe nur eine U-Bahn versäumt."

„Schade, ich würde dich zu gern einmal bei einer Nachlässigkeit ertappen."

„Das wird nicht allzu schwierig sein", antwortete er und nahm ihren Koffer.

5 Das Taxi hielt vor einem kleinen Hotel in der Nähe der Landungsbrücken. Es regnete in Strömen, und ein heftiger Sturm peitschte die Tropfen fast waagrecht durch die Luft.

Sternberg sprang aus dem Wagen und klappte seinen Regenschirm auf, um Carla trocken ins Hotel zu bringen. Doch als sie ihre Wagentür öffnete, erfaßte eine Sturmbö den Schirm und stülpte ihn um. Sternberg versuchte ihn umzubiegen, aber der Wind war so stark, daß die dünnen Metallstangen abknickten und der Stoff riß.

„Verflucht!" rief Sternberg und ließ erschrocken den Schirm los. Der wirbelte und rollte ein Stück den Gehweg entlang und blieb dann im Rinnstein liegen. Er sah jetzt wie der Kadaver eines Regenschirms aus.

Sternberg packte Carlas Koffer und rannte ins Hotel. Obwohl es nur ein paar Schritte waren, kamen sie tropfnaß in der Halle an. Hinter dem altmodischen Tresen stand eine graublonde, ältere Frau und blickte den beiden mißbilligend entgegen, als sie polternd und prustend zur Drehtür hereinstürmten.

„Tja", sagte sie nach einer Weile, „das ist eben das Hamburger Wetter."

Sternberg und Carla nickten ernst, sahen sich dann an und lachten los. Sternberg bemerkte erst jetzt, daß auch sein Schnurrbart tropfte.

Während Carla ihr Zimmer bezog, bestellte Sternberg bei der ebenfalls blonden, dicken Bedienung ein Frühstück. Das Speisezimmer des Hotels war so groß wie ein Ballsaal, und die zwanzig Tische darin wirkten recht verloren. Die Bedienung mußte riesige Strecken zurücklegen, um von der Küche zu den

Gästen zu gelangen.

„Hoffentlich wird unterwegs der Kaffee nicht kalt", dachte Sternberg und tupfte mit der Serviette seinen Bart trocken.

Zwei Minuten später war auch Carla da. Sie warf einen belustigten Blick durch den Saal und auf die weißen Spitzenvorhänge mit ihren üppigen Rüschen, stippte mit dem Finger die künstlichen Blumen in der Vase auf dem Frühstückstisch an und sagte: „Also, wann geht's los? Ich bin unheimlich gespannt darauf, was nun eigentlich in der Tonne ist!" Sie nahm eines der blassen Milchbrötchen aus dem Korb, brach es auseinander und bestrich es mit Butter.

„Mein Gott, bist du dynamisch", antwortete Sternberg erschüttert.

„Hm", murmelte Carla mit vollem Mund.

Das Mädchen stellte zwei Kannen auf den Tisch. „Guten Appetit!" sagte sie sehr laut.

Carla schluckte. „Danke!" erwiderte sie in gleicher Lautstärke.

Das Mädchen starrte sie einen Augenblick lang an und kicherte plötzlich.

Carla schnitt eine Grimasse.

„Jetzt benehmen Sie sich doch endlich Ihrer Stellung als Kriminalassistentin entsprechend", sagte Sternberg todernst. „Warum bist du denn so aufgedreht?"

„Ich bin einfach froh darüber, mit dir in diesem Mädchenpensionat zu sitzen und nicht in meinem staubigen Büro über den Dächern Münchens. Außerdem hoffe ich, daß wir bald an einem interessanten Fall arbeiten, und ich mag Hamburg. Sind das nicht Gründe genug?"

Sternberg war ein bißchen unbehaglich zumute. Er freute sich auch, aber Carlas gute Laune machte ihn irgendwie nervös. Trotz der anstrengenden Zugfahrt sah sie rosig und munter aus. Ihr feuchtes Haar kräuselte sich ungebärdig um ihr Gesicht, und ihre dunklen runden Augen blitzten spöttisch.

Sternberg mochte Carla mehr als nur gern, darüber hatte er letzte Nacht ausgiebig nachgedacht. Und genau das machte die Angelegenheit kompliziert, denn er fürchtete sich erheblich mehr vor komplizierten Beziehungen als vor komplizierten Fällen. Seit einiger Zeit hatte er keine feste Freundin – es war so eine Art persönliches Experiment: Wie halte ich es aus, allein zu leben? Er hielt es einigermaßen aus und genoß es sogar manchmal. In München gab es zwar einen Freundeskreis, den er schätzte, und hin und wieder genehmigte er sich auch ein kurzes Abenteuer, doch das war in letzter Zeit immer seltener geworden. Sternberg fand Bettgeschichten zunehmend langweilig.

Er erzählte auch Carla wenig von seinem Privatleben, weil er nicht wollte, daß sie ihm zu nahe rückte. Und auch Carla ließ ihn eigentlich nur an Gefühlen teilhaben, die sie während der Arbeit empfand – manchmal sehr gegen seinen Willen, aber das war ihr egal.

„Das ist eben mein italienisches Erbe", pflegte sie zu sagen, wenn er mißmutig dreinschaute. Aber über Freunde oder Liebesgeschichten hielt sie absolut dicht. In mancher Hinsicht war Carla für Sternberg ein Rätsel, und gerade jetzt, da sie so vertraut beim Frühstück zusammensaßen, erschien sie ihm klar und rätselhaft zugleich. Sie war so zielgerichtet und arbeitete stets mit großem Nachdruck an einem Fall, manchmal intensiver als er selbst.

Carlas Worte rissen ihn aus seinen Gedanken. „Guten Morgen", sagte sie. „Wir sind hier in Hamburg und frühstücken. Es ist fünf vor neun Uhr, und es regnet."

Sternberg lachte laut auf. „Danke für den Hinweis. Hast du dir die Unterlagen schon angesehen?"

„Zum Teil. Es gibt mehr Anlagen, die mit radioaktivem Material arbeiten, als ich dachte. Das reicht von Krankenhäusern über Atomkraftwerke bis zu Universitäten, Forschungsinstituten und Unternehmen für Lebensmittelbestrahlung – in allen Nordseeanrainerstaaten. Es ist geradezu erschreckend, wo überall Atommüll anfällt, und es stellt sich natürlich sofort die Frage, wo die ihr Zeug eigentlich lagern."

Carla trank einen Schluck Kaffee und ließ ihren Blick durch den Saal wandern. Es war offensichtlich ein Hotel für mittlere Geschäftsleute, denn nahezu an allen Tischen saßen einzelne Herren mit ordentlichen Anzügen, Krawatte und einem Aktenköfferchen neben sich.

Sie wandte sich wieder Philip Sternberg zu und fuhr fort: „Ich halte es für absolut plausibel, daß einige Unternehmen versuchen, ihren Schrott auf illegale Weise loszuwerden."

Sternberg nickte und räusperte sich. „Die Frage in unserem Fall ist nur – wo fangen wir an zu suchen? Angesichts der Größe und Tiefe der Nordsee, der Anzahl von Ländern und Betrieben könnten wir eigentlich einen Computer gebrauchen, der eine Wahrscheinlichkeitsberechnung aufstellt, ob wir überhaupt eine Chance haben, zu einem Ergebnis zu kommen."

Carla stützte den Kopf in beide Hände und sah Sternberg düster an. „Wenn wir alles überprüfen müssen, falls wir keine konkreten Hinweise finden, dann brauchen wir ein internationales Sonderdezernat von ungefähr zweihundert Leuten. Es wird eine grausige Arbeit, und wir werden ständig Ärger mit den regionalen Behörden haben... Aber vielleicht ist das gut so, und wir bringen endlich mal wieder Wirbel in diesen lautlosen und normalen Umgang mit Radioaktivität, der sich überall eingeschlichen hat. Immerhin gibt es ja in letzter Zeit auch wieder Demonstrationen. Der Zeitpunkt ist also ganz günstig – dafür scheue ich keine Mühe, da fahre ich auch gern noch fünftausend Kilometer im Liegewagen!"

6 Der Sturm hatte sich noch immer nicht gelegt, als Carla und Sternberg sich auf den Weg zur *Strandflieder* machten. Das Schiff lag am inneren Anleger der Landungsbrücken. Es war kein weiter Weg vom Hotel aus, aber der Sturm stemmte sich ihnen mit voller Wucht entgegen, ließ Zeitungspapier, Blätter und Plastikbecher mit rasender Geschwindigkeit am Boden und in der Luft umherwirbeln, erzeugte in der U-Bahn-Station Baumwall orgelartige Klänge und war außerdem eiskalt.

Sie hatten es nicht gewagt, einen zweiten Regenschirm dieser Belastungsprobe auszusetzen, sondern versuchten, sich mit Hut und Kopftuch gegen den Regen zu schützen. Auf dem Weg zum Hafen fanden sie drei zerfetzte Schirme auf der Straße.

„Merkwürdige Angewohnheiten haben die hier – werfen einfach ihre Regenschirme weg", murmelte Sternberg.

Carla wollte etwas antworten, aber der Sturm nahm ihr die Luft. Sie rannten über den glänzenden Asphalt zur Überseebrücke, die sich wie ein großer blauer Wurm in die Elbe hineinschob. Seit Jahren hatten hier – abgesehen von ein paar Kriegsschiffen und wenigen Kreuzfahrtdampfern – keine großen Schiffe mehr angelegt. Die einst prächtige Brücke wirkte schmuddelig und vernachlässigt. Zum Glück war sie überdacht und hielt somit Regen und Sturm ab.

Die *Strandflieder* lag rechts von der Brücke an einem langgezogenen Pier vertäut. Das braune Elbwasser trug gelbliche Schaumkronen und schien zu kochen, und das Greenpeace-Schiff schwankte beträchtlich hin und her.

Die *Strandflieder* war ein schönes Schiff. Sie hatte in Rotterdam einige Jahre als Feuerlöschboot gedient; jetzt war sie sauber weiß und blau gestrichen. Ein großer Regenbogen zierte ihre Längsseite.

Carla und Sternberg kletterten an Bord und hielten sich an der Reling fest. Der Boden war glitschig, und es war nicht einfach, die Schaukelbewegungen des Schiffes beim Gehen auszugleichen. Sie hangelten sich bis zum Kajüteneingang und öffneten die Tür.

Die Greenpeacer saßen um einen großen Tisch herum und tranken Tee. Es war gemütlich und warm in der kleinen Schiffsmesse. Über dem Herd und der Spüle hingen große weiße Tassen an runden Haken und schaukelten im Takt mit dem Schiff leise hin und her.

Piet sah kurz auf und nickte ihnen zu. „Mojn", sagte er.

„Morgen", erwiderte Sternberg Piets Gruß. „Das ist meine Kollegin Carla Baran, ebenfalls von der Umweltzentrale. Sie wird mit mir zusammen die Untersuchung leiten."

„Hallo", sagte Carla, und alle nickten ihr zu, gemeinsam mit den weißen Kaffeetassen.

„Wir werden jetzt ablegen und an einen Anleger fahren, von dem aus die Tonne auf einen Spezialtransporter geladen wird. Es läuft hoffentlich alles so, wie wir es gestern besprochen haben", sagte Piet sachlich. „Wir haben nur noch auf euch gewartet."

Nach Piets Worten erhoben sich die Mitglieder der Schiffscrew und begaben sich an ihre Arbeitsplätze. Ein junges Mädchen mit schwarzverschmiertem Gesicht und in einen schwarzen Overall gekleidet drängte an Carla vorbei.

„Wer ist das?" fragte sie Piet, der gerade neben ihr stand.

„Sie ist unser Lehrling. Petra will Maschinistin werden", antwortete er und warf Carla einen seltsam prüfenden Blick zu. Dann lächelte er sein Chinesenlächeln und wies auf einen großen, schlanken Mann mit dunkelblauer Mütze, der auffällig blaß war und einen schwarzen, sehr gepflegten Bart trug. „Und das ist Simon, unser Ingenieur. Ich bin hier der Skipper..."

Piet wurde rot und fuhr sich mit der Hand durch sein strubbeliges rotes Haar. „Jetzt muß ich aber los", sagte er, und das „los" klang wie „lous".

Piet stellte sich ans Steuer, drei Männer machten die Leinen los. Der Schiffsmotor begann lauter zu tuckern. Die *Strandflieder* erzitterte, drehte bei und begann die kleinen Wellen zu teilen, während sie Kurs auf die Hafenmauer nahm. An einem der offenen Anleger parkte ein großer Lieferwagen. Genauso selbstverständlich, wie sie abgelegt hatte, führte die Crew auch das Anlegemanöver durch. Trotz des Wellengangs berührte das Schiff kaum die Mauer.

„Profis!" sagte Sternberg anerkennend zu Carla. „Ganz große Klasse."

Die *Strandflieder* hatte einen eigenen Kran an Bord, den Petra nun in Betrieb setzte. Piet und Kalle öffneten eine Luke an Backbord und rollten einen großen, glänzenden Behälter heraus.

„Ist sie da drin?" fragte Carla.

Der Skipper nickte, dann befestigte er Haken und Seile des Krans am Behälter. „Okay!" rief er.

Petra bediente den Kran langsam und vorsichtig. Die Kiste wurde angehoben, schwebte kurz über dem Deck und schwenkte zum Anleger hinüber.

Piet und Kalle standen zusammen mit den übrigen Besatzungsmitgliedern schon bereit und nahmen die Tonne in dem Spezialbehälter in Empfang.

„Mehr nach links!" rief Kalle.

Der Fahrer des kleinen Lastwagens öffnete die hinteren Türen, und gemeinsam hoben sie die Kiste auf die Ladefläche.

„Das wär's dann wohl", sagte der Fahrer und kletterte hinter das Steuerrad. „Ich fahr' schon mal los!"

„Wir kommen mit!" rief Sternberg und kletterte rasch an der rutschigen Eisenleiter empor.

Der Fahrer, ein kleiner Mann mit blonden Haaren und fast farblos hellblauen Augen, zuckte die Schultern und wartete. Sternberg zog die Augenbrauen hoch und sah Piet fragend an.

„Gut, daß du mitfährst", sagte Piet leise. „Wir sehen uns dann im Institut. Wir machen nur noch schnell die *Strandflieder* an ihrem Liegeplatz fest. Schließlich wollen wir alle sehen, was in der Tonne drin ist." Er hob grüßend die Hand und kletterte an Bord zurück.

Carla und Sternberg stiegen in den Lieferwagen. Er gehörte einem technischen Institut der Universität Hamburg. Dort hatte man sich bereit erklärt, die Tonne zu öffnen.

Der Lieferwagen wendete. Über den Hafenkränen, die wie abgebrochene Fühler bizarrer Riesentiere in den Himmel ragten, flogen graue Wolkenfetzen dahin.

„Der Sturm könnte nun ja mal aufhören", knurrte der Fahrer.

Weder Sternberg noch Carla antworteten.

„Was ist denn drin in dem Ding?" fragte der Mann und wies mit seinem rechten Daumen nach hinten.

„Keine Ahnung", erwiderte Sternberg.

„Aber es ist doch in einem Spezialbehälter – da muß also was Brisantes drin sein. Außerdem sind Sie doch sicher ein Bulle."

Jedesmal, wenn Sternberg so direkt als „Bulle" identifiziert wurde, spürte er einen leichten Schmerz im Rücken.

„Klar", antwortete er unbestimmt.

„Geheimhaltungsstufe 1, was?" Der Fahrer grinste.

Carla betrachtete ihn von der Seite. Er war schlecht rasiert; winzige, hellblonde Stoppeln wuchsen aus seinem Kinn und seinen Wangen.

„Sind Sie immer so neugierig?" fragte sie.

„Ich will immer wissen, was ich in diesem verdammten Ding hier spazierenfahre. Ist ja schließlich nicht ganz ungefährlich."

„Erfahren Sie denn immer, was Sie transportieren?" Sternberg lehnte sich zurück und verschränkte die Arme.

„Meistens schon... Es sind fast immer Abfälle aus dem

Institut oder neues Material."

„Und wo bringen Sie die Abfälle hin?" wollte Carla mit unauffälliger, Sternberg aber wohlbekannter Stimme wissen.

Der Fahrer gab Gas und warf Carla einen kurzen Blick zu. „Es gibt hier eine Sonderdeponie. Ein Zwischenlager für radioaktive Abfälle." Von da an hüllte er sich in Schweigen.

Sie bogen in die Ost-West-Straße ein, auf der sich ein Blechstrom durch das Hafenviertel fraß. Die Stadt wirkte unnahbar. Sie war grau, und die Häuser erschienen Sternberg zu wuchtig und zu hoch.

„Eine Ansammlung von Macht und Geld", dachte er, „eine kalte, hochmütige Fassade, geschaffen von fleißigen Kaufleuten, deren Lebenssinn im Geldverdienen besteht. Wie die Amöbenruhr haben sie sich in alle Welt verteilt, den eigenen Wohlstand und den ihrer Stadt mehrend." Sternberg fröstelte ein wenig. Sein Mantel war feucht, und er hatte für Kaufleute nicht besonders viel übrig. Er mochte vielmehr die verkrachten Typen im Hafen, die Leute, die sich mühselig über die Runden brachten – und davon gab es mehr als genug in dieser Stadt.

Nach einer Fahrt von zwanzig Minuten bog der Lieferwagen in die Einfahrt des Instituts für medizinische Kernforschung ein. Der Fahrer winkte dem Pförtner zu, und dieser drückte daraufhin auf einen Knopf. Ein metallisch glänzendes Rollo schob sich hoch und gab eine Garageneinfahrt frei. Der Lieferwagen rollte langsam hinein und hielt mit einem kleinen Ruck an.

„Da wären wir", sagte der Fahrer mürrisch und sprang aus dem Auto. Carla und Sternberg stiegen ebenfalls aus. Sie fanden sich in einer Art Tiefgarage wieder, die nahezu leer war. Links von ihnen befand sich eine Verladerampe, die in ein Förderband mündete. Der Fahrer ging zu einem Telefon, das an der Wand befestigt war, und sprach kurz in den Hörer. „Okay", sagte er dann und stieg wieder in den Wagen. Er wendete und fuhr rückwärts dicht an die Laderampe heran.

Kurz darauf erschienen zwei Männer und eine Frau in weißen Mänteln.

„Guten Tag. Sie sind vermutlich Herr Sternberg. Mein Name ist Bensdorf!" Professor Bensdorf war ein älterer Mann mit Glatze und sehr dunklen, intensiven Augen in einem hageren Schädel. Er wandte sich mit einem fragenden Blick Carla zu.

„Frau Baran von der Umweltzentrale", stellte Sternberg vor.

„Mein Assistent, Dr. Steffen, und Frau Dr. Kramer. Die beiden werden Ihnen beim Öffnen der Tonne behilflich sein", sagte der Professor und schüttelte Carla die Hand.

„Wir freuen uns, daß wir der Umweltzentrale behilflich sein können!" Er lachte etwas unecht, und sie drückten sich alle gegenseitig die Hände.

Der Fahrer wirkte derweil völlig unbeteiligt und warf ihnen nur hin und wieder einen Blick zu. Er öffnete die Sicherheitsverschlüsse des Laderaums und löste die Halterungen der Tonne. Sternberg und Dr. Steffen halfen ihm, den schweren Behälter auf das Förderband zu schieben.

„Eine Tonne ist also drin...", murmelte der Fahrer. „Haben die Greenpeace-Leute wohl irgendwo aufgefischt. Was da so alles rumschwimmt bei uns..." Er schüttelte den Kopf.

Sternberg fand den Mann ausgesprochen unsympathisch. Er überlegte, ob es möglich war, daß der Mann hier herumspionierte, und nahm sich vor, den Professor zu fragen, wie lange er schon beim Institut beschäftigt war.

Der Behälter lag nun auf dem Förderband, das sich nach einem Knopfdruck von Dr. Steffen mit einem singenden Geräusch in Bewegung setzte und die Tonne in einem dunklen Loch verschwinden ließ.

„Der Behälter wird von hier aus direkt in den Raum befördert, in dem wir die Tonne öffnen können", erklärte Dr. Steffen. Er war groß und sehr schmal, sozusagen ein Gerippe von einem Mann. Seine Backenknochen standen leicht vor, und er wirkte krank und nervös.

„Wenn Sie uns nun bitte folgen würden." Dr. Steffen wandte sich zu einer der eisernen Doppeltüren.

Sternberg drehte sich in der Tür kurz um. Der Fahrer lehnte an seinem Wagen und sah ihnen mit unfreundlichem Gesichtsausdruck nach. Sternberg nickte ihm zu.

„Vielleicht bilde ich mir das nur ein, aber irgendwas stimmt doch mit dem nicht", sagte Sternberg leise zu Carla.

Sie schüttelte leicht den Kopf und antwortete: „Ich glaube, der will sich nur wichtig machen."

Sie gingen einen jener endlosen Gänge entlang, die überall gleich aussehen – in Krankenhäusern, Ämtern, Schulen und Instituten. Dieser hatte nur eine besondere Note: Die Wände waren bis zur halben Höhe weiß gekachelt. Die kleine Menschengruppe spiegelte sich verzerrt in den Kacheln wider, wurde zerteilt wie die Figuren in einem Puzzle. Es roch eigentlich nach nichts, nicht einmal nach Putzmitteln.

Nach einer ganzen Weile gelangten sie in eine Halle, von der aus sternförmig viele ähnliche Gänge abzweigten. Mitten in dieser Halle standen Piet, Anne und noch zwei Greenpeacer ziemlich verloren neben einem dünnen Gummibaum und vier schwarzen Plastiksesseln.

Carla stieß Sternberg in die Seite und blies die Backen auf. Sternberg wiederum räusperte sich und rieb seinen Schnurrbart, um das Lachen zu unterdrücken, das angesichts dieses absurden Anblicks in ihm aufstieg.

Nun begrüßte Professor Bensdorf die Greenpeacer, und dann waren sie schon fast eine Menschenmenge, als sie einen zweiten endlosen Gang durchschritten.

„Hoffentlich ist die Tonne auch angekommen und nicht einfach in dem schwarzen Loch verschwunden", flüsterte Sternberg.

Piet hatte es gehört und nickte ernst. „Das ist immer so in hochtechnisierten Lebensumständen – man geht auf Zehenspitzen und weiß bald nicht mehr, was Sache ist. Jedenfalls als halbwegs normaler Mensch."

Dr. Steffen öffnete eine Tür, an der mit großen Buchstaben DANGER stand. Außerdem war ein großes Strahlenzeichen zu sehen. Sie traten in einen vollständig gekachelten, hellen Raum, in dessen Mitte ein riesiger Glaskasten stand. Und dort drinnen lag bereits die Tonne, angestrahlt von mehreren Scheinwerfern, und eigentlich ganz harmlos anzusehen. Sternberg kam deshalb der Gedanke, daß Burger mit seiner Befürchtung, es könne sich um ein Windei handeln, vielleicht gar nicht so unrecht hatte.

Eine Art Roboter mit großen Greifarmen gehörte ebenfalls zur Ausstattung des Glaskastens. Krakenartig und bedrohlich wirkten seine Metallarme mit den Hakenhänden in Ruhestellung – wie eine Gottesanbeterin, die auf ihr Opfer wartet.

„Na, dann wollen wir mal", sagte Professor Bensdorf leutselig und schloß sorgfältig die Tür. Es war eine besonders dicke Sicherheitstür, die beinahe lautlos ins Schloß fiel. Carla erinnerte sich an Szenen aus James-Bond-Filmen, wo die Agenten von verrückten Wissenschaftlern in lebensgefährlichen Laborräumen eingesperrt werden, und sie schüttelte sich leicht. Obwohl sie gezwungen war, viel mit moderner Technik umzugehen, hatte sie noch immer kein unbefangenes Verhältnis dazu entwickelt.

Der Professor klopfte seinem Assistenten aufmunternd auf den Rücken, und Dr. Steffen erklärte ihnen, daß er nun mit Hilfe des Roboters die Tonne öffnen werde. Er machte sich gleich darauf an einer Schalttafel zu schaffen und betätigte verschiedene Hebel und Knöpfe.

Im Zeitlupentempo schwenkten nun die Greifarme zur Tonne, verharrten kurz über ihr und senkten sich dann herab. Die Klauen hielten eine Art Dosenöffner – jedenfalls erinnerte das Gerät Sternberg sehr stark an einen solchen. Plötzlich hatte er die Vorstellung, daß sich Ölsardinen aus der Tonne ergießen könnten.

Dr. Steffen arbeitete schweigend.

„Das ist doch phantastisch!" ließ sich der Professor vernehmen.

„Na ja", erwiderte Carla trocken, „so kann man das auch nennen."

Der Dosenöffner war in Wirklichkeit ein Schneidbrenner; er rutschte zweimal an der Tonne ab, ehe er richtig ansetzen konnte.

Sternbergs Blick wanderte zu seinen Begleitern. Piet starrte grimmig auf das verblüffende Schauspiel. Anne hielt die Augen halb zugekniffen, und Carla beugte sich voller Spannung nach vorn.

Ein leiser, singender Ton ging von dem Roboter aus, sonst war es vollkommen still in dem Raum. Sternberg dachte wie Carla an Science-fiction und daß er sich vermutlich nie wirklich an diese Technologie gewöhnen würde.

Nun war es soweit: Der Schneidbrenner gab ein winziges, kreischendes Geräusch von sich und hob mit einer fast anmutigen Drehbewegung den Deckel von der Tonne.

Sternberg spürte, daß seine Kehle trocken wurde, und heftige Neugier packte ihn. Piet holte tief Luft und kratzte sehr hörbar in seinem Haar.

„Na, nu macht schon!" seufzte er.

„Es geht leider nicht schneller", erklärte Dr. Steffen sachlich. „Wir müssen die Tonne jetzt in eine Schräglage bringen und ihren Inhalt vorsichtig ausleeren."

Millimeterweise wurde die Tonne angehoben; ihnen allen kam es so vor, als dauere das Stunden.

In der Tonne begann zögernd etwas zu rutschen. Ein dicker Wulst von Stoff quoll hervor, ein Gewirr aus Verbänden, Handschuhen und Kleidungsstücken.

„Das Übliche...", kommentierte Piet gepreßt. „So was war auch damals in den Tonnen gewesen, die von den Schiffen ins Meer geworfen wurden. Hin und wieder ist eine aufgegangen, und dann schwamm der Mist auf dem Wasser herum – tote Hunde und Katzen waren auch dabei."

Plötzlich hielt er inne und starrte ungläubig auf die Tonne. Sternberg folgte seinem Blick.

Ganz allmählich konnte man erkennen, was der Stoff bisher verborgen hatte: Zuerst wirkte es wie Teile einer zusammengelegten Schaufensterpuppe – ein Bein, ein steifer Arm. Und dann ging nichts mehr. Das Ding steckte fest.

„Sehen Sie nur!" rief Dr. Steffen. „Da klemmt etwas! Aber das ist doch..."

„Ja", sagte Carla leise. „Da ist eine schöne Überraschung... Die haben offensichtlich ihre Versuchsobjekte gleich mit versenkt."

Dr. Steffen hob mit Hilfe der Greifarme die Tonne wieder in die Höhe und schüttelte sie geradezu. Mit einer gespenstischen Drehung löste sich die Leiche plötzlich aus ihrem runden Sarg und fiel auf den gekachelten Boden des Glaskäfigs.

Es war der Körper eines Mannes, der nun verkrampft und mit angewinkelten Gliedern auf dem Boden lag. Sie konnten sein Gesicht sehen, denn er war auf die Seite gerutscht. Der Mann war ziemlich jung, höchstens fünfundzwanzig Jahre alt. Er wirkte wie ein Schlafender; kein Anzeichen von Zerfall war an ihm zu erkennen – nur seine Gesichtsfarbe war ungewöhnlich: von einem leuchtenden Gelbweiß.

„Er ist fast überirdisch schön", dachte Carla.

Piet stieß den Atem aus, den er einige Zeit angehalten hatte. „Mann!" sagte er. „Das ist ja fürchterlich!"

„Mein Gott", stammelte auch Professor Bendsdorf. „Ich werde sofort die Polizei anrufen!"

„Ist schon da", antwortete Sternberg ruhig. „Wir müssen in diesem Fall allerdings auch die Kripo hinzuziehen." Er warf noch einen Blick auf den Toten. Wie ein seltsamer Engel lag er zwischen den Stoffbergen.

„Wo kann ich telefonieren?" fragte er.

„Kommen Sie", antwortete der Professor und führte Sternberg in sein Arbeitszimmer. Sternberg setzte sich in einen großen Sessel und zog sein Notizbuch aus der Manteltasche. Langsam wählte er die Nummer der Hamburger Kriminalpolizei.

7 Die Kollegen von der Kripo kamen schnell. Ratlos standen sie um den Glaskasten herum. Trotz ihrer Erschütterung konnte Carla kaum ein Kichern unterdrücken, als sich ihre Blicke mit denen Sternbergs trafen. Was sollten die Kripobeamten mit einer strahlenden Leiche anfangen? So etwas hatte es in Hamburg bisher noch nie gegeben.

Der Polizeifotograf bemühte sich, trotz der spiegelnden Glasscheiben gute Fotos von dem Toten zu machen, und bat Dr. Steffen mehrmals, die Leiche anders zu plazieren, was dieser widerwillig mit Hilfe der Greifarme besorgte.

Hauptkommissar Brinkmann sah sehr besorgt aus. Seinen Ärger über die schwierige Situation ließ er zunächst an den Greenpeacern aus.

„Warum haben Sie nicht die zuständige Polizei benachrichtigt, nachdem Sie die Tonne gefunden hatten?" fragte er unfreundlich und biß auf dem Mundstück seiner Pfeife herum.

„Wir wollten nicht, daß die Tonne einfach verschwindet", antwortete Piet ruhig.

„Wie meinen Sie das?"

„Ich meine es, wie ich es sage. Komplizierte Fälle werden seit einiger Zeit häufig unter den Teppich gekehrt."

„Wollen Sie damit sagen, daß die Polizei nicht zuverlässig arbeitet?" Die Stimme des Kommissars wurde lauter und höher.

„Ich will damit sagen, daß ein Faß mit Atommüll politisch eine schwierige Angelegenheit ist. Und gerade jetzt, wo man die Nordsee ein bißchen zu säubern beginnt und die Leute wieder Hoffnung haben, paßt so ein Faß überhaupt nicht in die Landschaft!"

Kommissar Brinkmann hatte leichte Hängebacken und eine ungesunde Gesichtsfarbe – er wirkte teigig –, und dieser Eindruck verstärkte sich noch durch seine rötlichblonden Haare und das Hellblau seiner Augen. Eine altmodische Brille mit Hornfassung saß auf seiner Nase. Sie hatte die Neigung zu rutschen, denn Brinkmanns Nase war nicht sehr ausgeprägt. Mit steif ausgestrecktem Zeigefinger schob er sie immer wieder auf ihren Platz zurück.

„Hat wenigstens einer von Ihnen eine Vorstellung davon, um wen es sich bei dieser Leiche handeln könnte?" Der Kommissar schaute alle der Reihe nach an. „Kollege Sternberg?" fragte er dann mit spöttischem Unterton. „Wenn Sie sich schon von München herbemühen, dann können Sie uns vielleicht einen Tip geben."

Sternberg musterte seinen Kollegen interessiert. Er konnte sich vorstellen, wie ungehalten Brinkmann darüber war, daß die Greenpeacer die Tonne ausgerechnet in den Hamburger Hafen geschleppt und außerdem noch die Bundesumweltzentrale eingeschaltet hatten. Der Professor wiederum schaute unsicher zwischen den Kommissaren hin und her.

„Ich kann Ihnen nur Vermutungen mitteilen, das wissen Sie genau. Schließlich bin ich kein Hellseher. Außerdem ist im Moment der wichtigste Punkt, daß wir die Todesursache herausfinden."

„Ha, und wie?" fragte Brinkmann mit einem komischen Quietschen in der Stimme. „Soll ich den Polizeiarzt vielleicht in dieses komische Ding da klettern lassen und in Kauf nehmen, daß er sich verseucht?"

„Dafür gibt es Schutzanzüge", bemerkte Professor Bensdorf leise.

„Ich kann mir richtig vorstellen, wie begeistert unser Arzt davon sein wird, wie ein Astronaut verkleidet seine Untersuchungen zu machen."

„Sie werden mir doch nicht ernsthaft erzählen wollen", erwiderte Sternberg, „daß dieser Fall die Hamburger Polizei total überfordert, Kommissar Brinkmann. Wir leben im Jahr 1990, und Atomanlagen, Radioaktivität und ähnliches gehören schon seit langem zum Leben des modernen Menschen – genauer gesagt, seit dem unglücklichen Tag von Hiroshima, und der liegt immerhin schon fünfundvierzig Jahre zurück."

Sternberg hatte beide Hände tief in den Taschen seines Regenmantels versenkt, wie es seine Art war in schwierigen Situationen. Er sah grimmig aus. Genau das hatte er befürchtet, als er vor wenigen Minuten die Kripo angerufen hatte. Der Fall würde ihnen lästig sein, sie würden beleidigt sein, weil noch ein anderes Dezernat dazwischengeschaltet worden war.

Brinkmanns blasses Gesicht war inzwischen zartrosa angelaufen. „Was glauben Sie wohl, was hier in Hamburg alles los ist! Hier handelt es sich um eine Viermillionenstadt. Wir haben genügend eigene Morde, da brauchen wir nicht noch Leichen, die in Tonnen aus der Nordsee auftauchen..."

Sternberg vermied es krampfhaft, Carla anzusehen, denn er war kurz davor, die Selbstbeherrschung zu verlieren und laut loszulachen. Er machte einen Schritt auf seinen Kollegen zu. Obwohl ihm Brinkmann unsympathisch war, legte er ihm beruhigend die Hand auf die Schulter.

„Das ist ein hochbrisanter Fall", sagte er. „Verletzung des Verbots zur Versenkung radioaktiver Abfälle in der Nordsee, außerdem Mord oder Vertuschung eines Unfalls. Interessiert Sie das nicht? Das ist doch etwas anderes als die üblichen Fälle."

Brinkmanns Gesicht nahm einen fast angewiderten Ausdruck an. „Mein Bedarf an hochbrisanten Fällen ist gedeckt!" sagte er bissig. „Die bringen unsereinem doch nur Ärger!"

Die Greenpeacer standen derweil ein bißchen verlegen herum.

„Brauchen Sie uns noch?" fragte Anne schließlich.

„Sie kommen mit aufs Präsidium und machen dort Ihre Aussagen!" schnauzte Kommissar Brinkmann.

Carla betrachtete ihn voll Widerwillen – er erinnerte sie in seinem Auftreten und Aussehen an den negativsten Typ des deutschen Beamten. Es fehlte eigentlich nur noch die Pickelhaube. „Entschuldigen Sie bitte den Ton des Kommissars", sagte sie, zu den Greenpeacern gewandt. „Ich danke Ihnen jedenfalls für Ihre Aufmerksamkeit und Hilfe – aber auch für Ihr Vertrauen."

Piet scharrte ein wenig mit den Füßen und grinste Carla an. „Ach lassen Sie nur. Wir sind so eine Behandlung gewöhnt, denn wir haben ja schon öfter mit Offiziellen zu tun gehabt."

Carla warf Brinkmann einen kurzen Blick zu. Der Kommissar war inzwischen dunkelrot angelaufen. Bevor er sich jedoch zu einer Erwiderung aufraffen konnte, stürmte der Polizeiarzt in den Raum. Sein Gesicht trug Narben, und sein Haar war weiß, obwohl er höchstens Mitte Dreißig war.

„Wenn er jetzt fragt, wo die Leiche ist, dann bekomme ich wirklich einen Lachkrampf", dachte Carla.

Aber der junge Arzt hatte die Situation sofort im Griff. „Aha!" sagte er und trat nahe an die Glasscheibe heran. „Übrigens guten Tag, mein Name ist Dr. Sievers." Er nickte abwesend vor sich hin, während er die Leiche eingehend betrachtete.

„Tja, da wird ja einiges an Sicherheitsmaßnahmen bei der Obduktion notwendig sein", bemerkte er mit heller, wohlklingender Stimme.

Sternberg sah Kommissar Brinkmann voller Schadenfreude an. Der Arzt war offensichtlich keineswegs ärgerlich oder überfordert, wie der Kollege vermutet hatte.

Dr. Sievers musterte die Umstehenden und ging dann zielstrebig auf den Professor zu. „Gibt es hier Schutzanzüge?" fragte er.

Professor Bensdorf wirkte noch immer sehr bekümmert. „Selbstverständlich! Dr. Steffen und Frau Dr. Kramer werden Ihnen behilflich sein. Ich muß jetzt leider gehen, ein Seminar... Sie verstehen..." Er verbeugte sich leicht und ging zur Tür.

Sternberg folgte ihm auf den Flur. „Professor Bensdorf, ich wollte Sie noch was fragen..."

„Ja?" antwortete der Professor erschöpft. Leichen hatte er offensichtlich selten in seinen Versuchsräumen.

„Arbeitet der Fahrer, der die Tonne vorhin am Hafen abgeholt hat, schon lange für Ihr Institut?"

Bensdorf blieb stehen und berührte seine Stirn mit den Fingerspitzen. „Der Fahrer?" fragte er verwirrt. „Ach, Sie meinen den Fahrer. Ich glaube, er ist schon ein paar Monate bei uns. Aber da müssen Sie im Personalbüro nachfragen. Ich kann mich um solche Dinge nicht auch noch kümmern."

8 Philip Sternberg saß im Foyer des kleinen Hotels am Hafen, tief in einen Plüschsessel versunken, der ein rosarotes Blümchenmuster hatte. Er fröstelte, denn die Heizung lief offensichtlich auf Sparflamme. Zwei Polizisten hatten vor ein paar Minuten den Obduktionsbericht für die Leiche aus der Tonne vorbeigebracht.

Sternberg öffnete das Kuvert und sah sich kurz um. Außer der dicken, blonden Frau war niemand zu sehen. Sternberg faltete den Bericht auseinander.

Todeszeit durch die starke Verstrahlung nicht mit Sicherheit zu bestimmen. Möglicherweise ist der Mann schon seit zwei Wochen tot.
Todesursache: Wahrscheinlich Einwirkung von stumpfem Gegenstand auf den Hinterkopf. Außerdem Plutoniumvergiftung, die aber nicht zum Tode geführt hat. Alter: 20 bis 30 Jahre. Möglicherweise Südländer: Türke, Spanier o. ä.

Den Rest überflog Sternberg nur, denn daß der Mann Raucher war, am Todestag Spaghetti gegessen und zwei Goldzähne sowie einen nervösen Reizmagen hatte, war für diesen Fall nur sehr am Rande interessant. Eines registrierte er allerdings noch aufmerksam: Der Mann hatte offensichtlich einen Ring, vielleicht sogar einen Ehering, getragen, denn am Ringfinger der rechten Hand fand sich ein weißer Streifen Haut an der sonnengebräunten Hand. Der Ring war abgezogen worden. Außerdem hatte man in der Tonne nur Gegenstände gefunden, die nicht identifizierbar waren.

Sternberg nahm sich vor, selbst in einen Schutzanzug zu steigen und die Fundstücke sorgfältig zu untersuchen. Schließlich benutzte man nicht in ganz Europa genau identische Arbeitshandschuhe.

Prüfend zog er die Luft ein und sah dann irritiert auf. Vor seinem Sessel stand Carla Baran – es war ihr Parfüm, das ihn von dem Obduktionsbericht abgelenkt hatte. „Ach, du bist es", sagte er und musterte sie nachdenklich. Eigentlich war sie zu attraktiv, um sachlich mit ihr zusammenzuarbeiten. Sie trug eine dunkle Lederjacke und einen türkisgrünen Schal und sah frisch und strahlend aus.

„Ich muß über dieses Problem mit ihr reden", dachte Sternberg und kam sich in diesem Augenblick vor wie ein alter Macho.

„Was steht in dem Bericht?" fragte Carla.

„Nichts, was uns direkt helfen könnte. Eigentlich nur Dinge, die wir auch ohne Obduktion ahnen konnten. Der Mann ist offensichtlich das bedauernswerte Opfer eines Unfalls in einer atomaren Anlage. Und er mußte verschwinden, um Ärger zu vermeiden. Zur Zeit hat ja die müde Anti-Atom-Bewegung wieder ein paar Demonstrationen gestartet. Wahrscheinlich haben die gedacht, daß sie sich jetzt keinen verseuchten Arbeiter leisten können, und haben ihn deshalb einfach mit anderem Müll versenkt. Möglicherweise haben sie ihn sogar umgebracht, um den Unfall zu vertuschen. Es fragt sich nun eigentlich nur noch, welche Atomfabrik es war, und das ist so ungefähr wie die berühmte..."

„...Suche nach der Stecknadel im Heuhaufen", setzte Carla seinen Satz fort und lachte.

„Woher wußtest du, daß ich ausgerechnet das sagen wollte?" fragte Sternberg mit gespieltem Erstaunen.

„Weil du immer wieder so hervorragende Sprüche auf Lager hast, auf die man eigentlich nicht kommen kann!"

Sternberg schüttelte den Kopf. „Du nimmst dir ganz schön was raus gegenüber deinem Vorgesetzten!"

Carla verzog ihr Gesicht zu einer Grimasse. „Ich wollte mich nur ein wenig selbst aufheitern, denn so abgebrüht bin ich noch lange nicht, daß mich die Leiche in der Tonne unberührt ließe." Sie setzte sich auf die vorderste Kante des nächstgelegenen Plüschsessels. „Weißt du, Philip, ich glaube, das wird wieder eine dieser Geschichten, die ich überhaupt nicht mag. Dieser Tote ist sicher der Endpunkt einer sehr traurigen Geschichte. Im Augenblick habe ich so ein Gefühl, als wollte ich sie gar nicht kennenlernen." Sie sah Sternberg an. „Kannst du das verstehen? Kannst du verstehen, daß ich nicht wissen will, wie dieser Mensch in die Tonne geraten ist?"

Sternberg erwiderte ihren Blick. Dann strich er verlegen über seine Tweedjacke und nickte, ohne es wirklich zu merken. „Ja, ja, ich kann es gut verstehen. Mach dir keine Sorgen deswegen. Vielleicht ist unser Beruf eine Krankheit, die uns ganz direkt zu den Krankheiten unserer Gesellschaft führt. Ich freue mich keineswegs, daß eine arme, zusammengekrümmte Leiche aus diesem Faß gekullert ist. Es ist geradezu entsetzlich – das klingt platt, ich weiß..., aber ich kann es nicht anders ausdrücken." Er brach ab und strich über seinen weichen Schnurrbart.

Carla beugte sich ein kleines Stück in seine Richtung. „In München habe ich mich noch richtig auf diesen Fall gefreut. Ich war froh, wieder mal aus dem Büro herauszukommen. Aber jetzt – ich weiß nicht, woran es liegt. Ich war sogar heute vormittag im Institut noch ganz gut gelaunt. Aber dann hat mich diese kalte Umgebung ganz fertiggemacht, ebenso die Besprechungen mit diesem Brinkmann heute nachmittag."

Sternberg stützte beide Hände auf die Knie. „Das ist nur eine Krise, Carla. Du machst diesen Job seit zwei Jahren. Da kann so was schon mal vorkommen", sagte er fast beschwörend. Carla war für ihn bisher immer eine unbesiegbare, optimistische Kraft gewesen. Ihre Verzagtheit machte ihn selbst ganz unsicher, und gleichzeitig beruhigte sie ihn auch. Es machte Carla menschlicher und brachte sie ihm ein Stück näher.

„Ich möchte jetzt eigentlich lieber ein Bier trinken als Obduktionsberichte lesen", sagte Carla unvermittelt. „Komm, Philip. Wir treffen uns sowieso um neun Uhr noch mit den Greenpeacern. Laß uns eine Kleinigkeit essen und den ganzen Mist vergessen."

Sternberg erhob sich und reichte Carla eine Hand, um sie aus dem Plüschsessel zu ziehen. „Wir gehen ein bißchen am Hafen entlang und suchen uns eine schöne Kneipe!"

Es war schon dunkel, als sie kurz darauf auf die Straße traten. Der Sturm hatte nachgelassen, aber ein kräftiger Wind war zurückgeblieben, der überall Klappern, Flattern und Quietschen an Gebäuden und Hafenanlagen auslöste.

Es regnete nicht mehr, und zwischen schwarzen Wolken

waren am Himmel hin und wieder ein paar Sterne zu sehen. Die Werften auf der anderen Seite der Elbe leuchteten hell; dort wurde noch immer gearbeitet.

Carla und Sternberg gingen zum Aussichtsweg, der direkt am Wasser entlangführte. Sie lehnten sich über das Geländer und schauten über das schwarze Wasser, in dem sich unzählige Lichter spiegelten.

Carla stieß Sternberg behutsam an und wies flußaufwärts. Lautlos wuchs dort ein riesiger Schiffskoloß aus der Dunkelheit. Zwei Bugsierer zogen ihn zu seinem Liegeplatz. Langsam glitt der Frachter an ihnen vorüber, ein Geisterschiff, auf dem sich ein paar schwarze Gestalten bewegten.

„Komm", sagte Sternberg, „ich habe Hunger und Durst!"

Gemächlich gingen sie auf die Landungsbrücken zu, und Sternberg nahm Carlas Arm. Eine Zeitlang sprachen sie nicht, doch plötzlich lachte Sternberg bitter auf und wies auf ein gläsern blinkendes Hochhaus, das zu ihrer Rechten aufragte.

„An dieser Stelle stand vor fünf Jahren noch absolut nichts. Ein paar Baracken mit fragwürdigen Import-Export-Unternehmen." Er machte eine kurze Pause und starrte böse auf das Gebäude. „Außerdem stand da noch etwas, das ich ganz besonders mochte. Es war eine kleine, merkwürdige Kneipe, die in der echten Kajüte eines Küstenfrachters untergebracht war. Weiß der Himmel, wie das Ding an diesen Platz gebracht worden war. Jedenfalls stand es da und hieß Störtebeker. Man mußte ein paar Treppen hinaufsteigen und betrat dann einen kleinen, verrauchten, schmuddeligen Raum. Im Winter bullerte ein Kohleofen, und es gab seltsame Stammgäste – Penner, Arbeitslose, aber auch ein paar Angestellte aus den umliegenden Kontoren, die abends nicht nach Hause fanden. Der Wirt hatte kaum noch Zähne und sah gefährlich aus. Aber er schenkte ordentlich ein und war einigermaßen höflich..." Sternberg blieb stehen, und gemeinsam betrachteten sie den hoch aufragenden Betonklotz.

„Und dann?" fragte Carla und zog ihre Jacke enger um sich.

Sternberg ließ ihren Arm los und umfaßte das Geländer mit beiden Händen. „Dann...? Ja, dann kaufte ein großer Verlagskonzern das Gelände auf, und eines Tages war der Störtebeker verschwunden und all die anderen komischen Läden auch. Danach haben sie dieses Denkmal der Tüchtigen aufgestellt, und wo die Penner jetzt einen warmen Platz am Ofen finden, das weiß ich nicht."

Sie gingen weiter, und ihre Schritte wurden schneller, denn es war richtig kalt geworden. Entlang den Landungsbrücken, wo die Boote für die Hafenrundfahrten festgemacht hatten, liefen sie zum Fischmarkt. Die breite Straße war menschenleer, und es waren nur wenige Autos unterwegs.

„Hier rechts", Sternberg wies auf große Wohnblocks, die erhöht über dem Hafen lagen, „standen einmal die sagenhaften Häuser, die monatelang von den Leuten besetzt waren, um sie vor dem Abriß zu bewahren. Sogar Terroristen vermutete die Polizei unter den Hausbesetzern. Da gab es auch so eine schöne Kneipe. Völlig vergammelt, mit dunklen Wänden, kitschigen Bildern. Die Gäste waren Punker, Skinheads, arbeitslose Hafenarbeiter... Es war eine Kneipe wie in einem alten Film von Humphrey Bogart. Gibt's auch nicht mehr."

„Du bist ja richtig schwermütig", sagte Carla sanft und fügte hinzu: „Wo ich als Kind Räuber und Gendarm gespielt habe, da gibt es auch nur noch Apartmenthäuser und Stadtautobahnen. Es ist überall so. Aber es gibt auch Dinge, die erfolgreich beschützt wurden. Ich denke, Philip, daß das Leben sich schon immer wieder durchsetzt, und auch deine Penner haben sicher einen warmen Ofen gefunden." Sie sah ihn an, konnte aber sein Gesicht nicht erkennen, denn es war sehr dunkel geworden. „Wollen wir sie suchen?" fragte sie.

Sternberg drückte Carlas Arm. „Später vielleicht, jetzt essen wir etwas. Ich kenne ein schönes Fischlokal, das schon sehr alt ist und das es erstaunlicherweise noch immer gibt."

Das Restaurant lag am Eingang des Fischmarktes – ein großes, breites, altes Haus, schmutziggelb, mit einer einladend erleuchteten Fensterreihe voller Blumentöpfe. Der Speisesaal war noch größer als das Frühstückszimmer im Hotel, und die Kellner balancierten ihre Tabletts abenteuerlich zwischen den Tischen hindurch. Die Gäste – es waren noch nicht allzu viele da – hatten sich merkwürdigerweise alle am Rand des Speisesaales niedergelassen, und so waren die Tische in der Mitte unbesetzt. Es roch nach gebratenem Fisch, und Sternberg lief das Wasser im Mund zusammen. Er half Carla aus der Jacke und ließ es lächelnd über sich ergehen, daß sie ihm ihrerseits den Mantel abnahm.

Sie bestellten grüne Heringe und Scholle mit Majonäsesalat.

„Ich werde fürchterliche Magenschmerzen bekommen", sagte Sternberg. „Aber ich muß jetzt einfach Majonäsesalat essen."

Carla nickte. „Ich vertrage die grünen Heringe wahrscheinlich auch nicht."

Das Bier ließ endlos auf sich warten, weil alle norddeutschen Wirte den Ehrgeiz haben, dem Glas eine schäumende Krone aufzusetzen, die so steif wie Eischnee ist. So hatten die beiden Zeit zum Schweigen.

„Sonst plaudern wir immer munter drauflos", dachte Sternberg. Und er überlegte, ob er vielleicht etwas von dem Obduktionsbericht erzählen sollte, doch das kam ihm albern vor. Aber sachliche Gespräche hatten bisher immer ähnliche Situationen entschärft.

Endlich kam der Kellner, ein dicker, glatzköpfiger Mann, dessen Jacke sich bedrohlich über dem Bauch spannte. „Zum Wohle!" sagte er und stellte die Gläser sorgfältig auf zwei Bierdeckel.

„Zum Wohl!" antwortete Sternberg dankbar, hob sein Glas und prostete Carla zu. Sie erschien ihm sehr weit entfernt hinter dem schneeweißen Tischtuch. „Es geht nicht", dachte er. „Ich kann nicht mit ihr darüber reden, wie sehr ich sie mag. Wahrscheinlich wird sie mich für verrückt erklären."

Er fühlte ihren forschenden, leicht spöttischen Blick auf sich gerichtet, und ihm war unbehaglich. Sternberg trank zwei große Schlucke.

„Irgend etwas beschäftigt ihn", dachte Carla, und sie ahnte sehr wohl, daß es etwas mit ihr zu tun hatte. „Ob er wohl in der Lage ist, irgendwann einmal seine Gefühle zu zeigen? Oder ob ich ihn in den Arm nehmen muß?" Sie biß sich auf die Unterlippe. „Philip", sagte sie und faßte über den Tisch hinweg nach seiner Hand.

„Ja?"

Er ließ seine Hand ganz locker auf dem Tischtuch liegen und schaute sie nachdenklich an. Dann strich er vorsichtig mit der freien Hand den Bierschaum von seinem Schnurrbart. „Ziemlich kompliziert, was wir hier veranstalten", murmelte er.

In diesem Augenblick stellte der Kellner eine riesige gebratene Scholle mit Majonäsesalat vor ihn hin. Der Kellner wunderte sich, warum beide in schallendes Gelächter ausbrachen.

9 Gegen neun Uhr abends waren sie mit den Greenpeacern verabredet. Anne und Piet saßen schon in dem rauchigen, lauten portugiesischen Lokal, als Carla und Sternberg sich suchend umblickten. Kurz darauf trafen noch zwei andere Mitglieder der Greenpeace-Führung ein. Sie hatten einen Tisch reservieren lassen, der etwas abseits von den anderen in einer Ecke stand. Sternberg betrachtete nachdenklich den großen roten Plastikhummer, der in einem Netz über ihren Köpfen hing.

„Nun, wie war es bei der Kripo?" fragte er Piet.

Der zuckte mit den Achseln und setzte sein Chinesenlächeln auf. „Na ja, wie es dort eben so ist", antwortete er. „Sie haben uns Löcher in den Bauch gefragt, und wir konnten nur wenige Antworten geben, weil wir eben nur eine Tonne im Watt gefunden haben. Und dann... Ja, dann haben sie uns noch eine Warnung erteilt, auf gar keinen Fall eigene Nachforschungen anzustellen, denn das sei nicht rechtmäßig und verboten. Mehr war eigentlich nicht."

„Aber das hat gereicht!" warf Anne ein. „Sie hatten uns nämlich bis vor einer Stunde in der Mangel. Erst als ich damit drohte, den Greenpeace-Anwalt anzurufen, haben sie das Verhör abgebrochen."

„Das tut mir leid für euch", sagte Carla, „aber wer konnte schon ahnen, daß in der Tonne eine Leiche liegt? Die Frage ist jetzt allerdings: Wie finden wir heraus, wer sie da hineingesteckt hat? Ich habe eine Liste sämtlicher Betriebe, die mit Nukleartechnik arbeiten. Wir könnten sie uns gemeinsam ansehen, denn ihr habt ja inzwischen eine Menge Erfahrungen gesammelt. Vielleicht bringt uns eine gemeinsame Intuition auf die Spur der Täter."

Piet trank Tee mit Rum und machte ein skeptisches Gesicht, das seinen Bart noch struppiger aussehen ließ. „Ob da wohl Intuition ausreicht?" fragte er und grinste. „Wir sollten vielleicht noch eine Wahrsagerin hinzuziehen oder jemanden, der sich aufs Kartenlesen versteht..."

Carla wurde ein wenig rot, weil er sie ganz offen und spöttisch ansah.

Trotzdem überprüften sie gemeinsam die Liste, von der Carla gesprochen hatte. Es dauerte lange, und sie tranken viele Biere. Schließlich hatten sie es geschafft – es war inzwischen elf Uhr geworden –, und dicke rote Punkte markierten diejenigen Betriebe, die schon in den vergangenen Jahren aufgefallen waren oder unzuverlässig erschienen.

„Da sind ja ein paar ganz schlimme Läden dabei", sagte Anne in einem Ton, als spreche sie das Wort zum Sonntag.

Alle sahen irritiert von der Liste auf.

„Ja, seht nur! In einigen Betrieben hat es immer wieder Unfälle gegeben, bei denen Radioaktivität freigesetzt wurde, und viele haben die Sicherheitsbestimmungen sogar vorsätzlich verletzt. Bloß, ob das ausreicht, konkrete Verdächtigungen auszusprechen?"

Sternberg schüttelte den Kopf. „Natürlich reicht das nicht aus, aber wir können zumindest einen Kreis um mögliche Verdächtige ziehen. Dann werden wir die zuständige Polizei benachrichtigen und sie ermitteln lassen. Das bringt zumindest eine gewisse Beunruhigung. Allerdings brauchen wir etwas, um die Sache noch beunruhigender zu machen..."

Er drehte einen Bierdeckel in seinen Händen, als könne er diesem eine gute Idee abringen.

„Na ja", meinte Piet nach einer Weile. „Wir brauchten im Grunde so etwas wie einen Lockvogel. Etwas, das den Tätern bedrohlich vorkommt und sie zwingt, aktiv zu werden."

Der junge Man mit den kreisrunden Brillengläsern – es war Steven, und er war einer der wichtigsten Campaigner von Greenpeace – räusperte sich. Er hatte einen leicht arroganten Zug um den Mund und wirkte so sehr bedeutend, obwohl er an diesem Abend kaum zwei Sätze von sich gegeben hatte.

„Wir müssen sehr genau überlegen", sagte er nun ruhig und mit kühler, norddeutscher Stimme. „Bei der Atommafia handelt es sich nicht um Amateure. Denen ins Handwerk zu pfuschen ist eine riskante Angelegenheit. Ob privat oder staatlich organisiert, die wissen sich zu wehren. Wir haben das damals bei unseren Protesten gegen die Atomversuche der Franzosen auf dem Mururoa-Atoll zu spüren bekommen. Das ist zwar heute fast vergessen, aber immerhin haben sie damals unser wichtigstes Schiff versenkt – die *Rainbow Warrior*..., und zwar mit Hilfe des Geheimdienstes. Die haben einfach zwei Agenten damit beauftragt, das Schiff zu sprengen. Das wurde auch prompt ausgeführt. Einer von unseren Leuten kam dabei ums Leben. Ich war zwar damals noch nicht bei Greenpeace, aber wir sollten das bedenken, wenn wir uns auf die Sache einlassen."

Sternberg schaute wieder zu dem roten Plastikhummer hinauf, der eine dicke Staubschicht auf seinem Panzer trug. „Aber ich war damals bei Greenpeace", sagte er leise. „Es war eine schlimme Sache für uns alle, obwohl wir in den Augen der meisten Menschen als moralische Sieger dastanden."

Steven starrte Sternberg mit einer gewissen Hochachtung an.

Sternberg drehte den Bierdeckel hin und her und fuhr fort. „Es war ja bis dahin alles gutgegangen. Wir hatten zwar immer damit gerechnet, daß einem von uns etwas zustoßen könnte, aber nur theoretisch. Ein Mordanschlag lag außerhalb unserer Vorstellungen." Er trank einen Schluck Bier und strich mit der flachen Hand über seinen Bart. „Und deshalb habe ich das Gefühl, daß sich diese Sache hier auch ziemlich unangenehm entwickeln könnte. Wer auch immer diesen armen Menschen in die Tonne gesteckt hat, wird nicht daran interessiert sein, daß wir es herausfinden. Atomfabriken sind seit der Katastrophe von Tschernobyl und den schweren Störfällen in Cattenom und Ohu I nicht gerade beliebt bei der Bevölkerung. Sogar die Franzosen sind inzwischen keine Freunde der Kernkraft mehr – wer hätte das vor vier Jahren gedacht? Also, wenn eine staatliche Atomfabrik in England, Frankreich, Holland, Belgien oder sogar Deutschland das auf dem Gewissen hat, dann werden die eine Menge tun, um die Angelegenheit zu vertuschen. Aber auch eine Privatfirma wird sich kräftig zur Wehr setzen. Allerdings können die wenigstens keinen Geheimdienst einschalten."

Piet nickte und lehnte sich mit verschränkten Armen zurück. „Ich bin zwar im allgemeinen kein rachsüchtiger Mensch, aber wenn Frankreich dahintersteckt, dann wäre es mir ein ausgesprochenes Vergnügen, denen richtig Ärger zu bereiten."

Steven schüttelte den Kopf und runzelte die Stirn. „So kannst du das nicht sehen – höchstens privat! Wir sind als Organisation Greenpeace in Frankreich noch immer schlecht angesehen seit der Geschichte mit der *Rainbow Warrior*. Schließlich mußte damals der französische Verteidigungsminister zurücktreten, und die Franzosen fühlten sich in ihrer nationalen Ehre getroffen, weil die ganze Welt sich über diesen Bombenanschlag aufregte. Für Greenpeace wäre es nicht günstig, wenn wir noch einmal in diese Wunde stoßen würden. Dann könnten wir unser Büro in Paris gleich zumachen."

Sternberg schüttelte den Kopf, und Carla starrte Steven ungläubig an.

„Ich kann diesen Überlegungen nicht ganz folgen", sagte sie. „Heißt das allen Ernstes, daß das Image von Greenpeace dir wichtiger ist als der Kampf gegen die atomare Verseuchung der Umwelt – oder wie soll ich das verstehen?"

Stevens Blicke wanderten nervös durch den Raum, er suchte nach Worten.

„Nein, nein, das ist ein Mißverständnis!" warf Anne ein. „Es ist nur so, daß wir von Greenpeace immer sehr sorgfältig ein positives Echo auf unsere Aktionen planen, weil wir eben auch mit Behörden und Politikern zusammenarbeiten, um etwas zu erreichen. Außerdem, wenn wir die Presse eines Landes gegen uns haben, dann können wir auch nichts mehr bewirken!"

„Na ja, in diesem Fall wissen wir doch noch gar nicht, welches Land hinter der Geschichte steckt", warf Piet vorsichtig ein.

Sternberg räusperte sich. Er war belustigt und verärgert zugleich. „Bevor wir in eine typische Greenpeace-Diskussion verwickelt werden, möchte ich erst einmal meinen Vorschlag unterbreiten. Den könnt ihr dann noch heute abend oder morgen durchsprechen, aber das ist dann eure Sache." Er schaute fragend in die Runde.

Steven nickte ein wenig griesgrämig.

„Die Polizei", fuhr Sternberg fort, „hat noch keine Meldung über den Toten in der Tonne veröffentlicht. Wir könnten das euch überlassen. Ihr macht eine Pressekonferenz, gebt bekannt, daß ihr eine Tonne mit radioaktivem Inhalt gefunden habt und jetzt nach weiteren Fässern sucht. Die Leiche unterschlagen wir erst einmal. Außerdem kündigt ihr an, daß die *Strandflieder* die Suche nach weiteren Fässern aufnehmen wird."

Keiner an dem großen Tisch sagte etwas. Das Gemurmel der anderen Gäste füllte plötzlich den Raum und schien immer lauter zu werden.

Es dauerte sicher eine Minute, bis Steven von seinem Bierglas aufsah und Sternberg kritisch musterte. „Wir haben noch nie so eng mit der Polizei zusammengearbeitet, und vor allem haben wir uns noch nie von der Polizei unsere Aktionen vorschreiben lassen!" Seine Stimme war klar und scharf.

Piet betrachtete die beiden Männer, und dann verzog sich sein Gesicht wieder zu dem seltsamen Chinesenlächeln. Er schlug leicht mit der Faust gegen Stevens Arm und sagte: „Bisher hatten wir ja auch noch nie einen Kommissar, der schon einmal Greenpeace-Aktivist war!"

Anne und Carla begannen zu lachen, und nach einer Verzögerung von einer halben Minute huschte auch ein leises Lächeln über Stevens Gesicht.

„Also, reg dich nicht auf, Steven", sagte Piet freundlich. „Wir können ein bißchen Aufsehen brauchen, es ist uns schon länger nichts Besonderes mehr eingefallen. Ein bißchen Pressewirbel wäre gar nicht so schlecht für uns!"

Stevens Augen waren voll Abwehr, obwohl er noch immer lächelte.

Sternberg legte die Hand besänftigend auf Stevens Arm. „Wir Umweltpolizisten sind meistens auch nicht besonders erfolgreich. Aber das ist einer der Fälle, bei dem ich auch alles riskieren möchte. Ich habe nämlich eine Menge gegen die

Atomwirtschaft. Also, wann macht ihr die Pressekonferenz?"

„Nun mal langsam", sagte Steven gedehnt. „Wir müssen Ihren Vorschlag erst allen Vorstandsmitgliedern vorlegen und gemeinsam darüber entscheiden. Außerdem müssen wir Greenpeace International verständigen und auch dort eine Genehmigung einholen. Das müssen Sie doch wissen, Herr Kommissar!"

Sternberg nickte und überhörte Stevens sarkastischen Tonfall. Er blickte kurz zu Carla hinüber und sagte mit einem Seufzer: „Wenn bei Greenpeace International noch immer alles so schwierig ist wie damals, dann sehe ich schwarz für unser Unternehmen. Dann werden eben wir beide mit einem Polizeiboot die Lockvögel spielen."

Piet trank einen großen Schluck Bier und stellte das Glas mit Nachdruck auf den Tisch zurück. „Also *ich* würde bei dieser Geschichte gern mitmachen. Das paßt zu früheren Greenpeace-Aktionen. Es bedeutet, die wissenschaftliche Arbeit zu verlassen und mal wieder ein paar Leute an der Nase herumzuführen. Immer nur Wasserproben ziehen und Bodenproben nehmen, das ödet mich langsam an!"

Anne nickte heftig.

„Wie lange werdet ihr brauchen, um die Angelegenheit zu klären?" fragte Sternberg.

„Einen, höchstens zwei Tage", erwiderte Steven, der eine steile Falte zwischen den Augenbrauen hatte, die Sternberg zuvor nicht aufgefallen war.

Sternberg hob sein Glas. „Gut, dann werden wir inzwischen weitere Ermittlungen einleiten und spätestens übermorgen an die Nordsee fahren – mit oder ohne euch!"

10 Sehr zum Mißvergnügen von Kommissar Brinkmann übernahmen Sternberg und Carla Baran am nächsten Tag die Leitung der Ermittlungen im Fall „radioaktive Tonne". Übergeordnete Stellen hatten ihnen den Fall übertragen, und somit konnten sie auch die technischen Hilfen der Hamburger Polizeizentrale nutzen. Sie holten zunächst alle verfügbaren Daten über diejenigen Atomanlagen ein, die sie gemeinsam mit den Greenpeacern in die engere Wahl gezogen hatten.

„Vielleicht ist ja alles falsch, aber irgendwo müssen wir schließlich anfangen", meinte Sternberg.

Eine der besonders verdächtigen Anlagen war die Wiederaufarbeitungsfabrik Sellafield in Großbritannien. Seit Jahrzehnten hatte es dort einen Skandal nach dem anderen gegeben. Schon in den fünfziger Jahren hatte man absichtlich plutoniumverseuchtes Wasser in die Irische See abgelassen, und immer wieder war es aufgrund mangelnder Sicherheitsvorkehrungen zum Austritt radioaktiver Stoffe gekommen. Atomaren Müll hatte man einfach in eine Grube geschüttet, unzählige Arbeiter waren im Laufe der Zeit radioaktiv verseucht worden, und die Zahl der Leukämieerkrankungen rund um die Anlage war erschreckend hoch. Sellafield hatte einmal Windscale geheißen, aber nach den vielen Skandalen war es in den achtziger Jahren umgetauft worden.

„Allmählich wäre wieder ein neuer Name fällig", meinte Sternberg, als er auf die Zahl der Störfälle stieß.

Die Sicherheitsvorkehrungen waren zwar verbessert worden, aber die ganze Umgebung der Wiederaufarbeitungsanlage blieb eine hoffnungslos verseuchte Kloake der Atomindustrie. Immer wieder hatten Greenpeace-Schiffe vor Sellafield Protestaktionen durchgeführt – gegen die Versenkung von Atommüll im Meer, gegen den Transport ausgebrannter Brennstäbe aus ganz Europa nach Sellafield.

„Es kann nicht Sellafield sein", sagte Carla, nachdem sie ein Fernschreiben an die britische Umweltbehörde abgeschickt hatte. „Es wäre so offensichtlich, daß ich es einfach nicht glauben kann!"

„Wahrscheinlich ist es Sellafield nicht", antwortete Sternberg, der bereits die Unterlagen über die französische Wiederaufarbeitungsanlage La Hague studierte. Er lächelte Carla grimmig an und fügte hinzu: „Aber es ist immer gut, die Briten auf Trab zu bringen, wenn es um die Umwelt geht. In der Beziehung schlafen sie nämlich immer noch!"

„Sei nicht so hochmütig", gab Carla zurück. „Die Briten kämpfen gegen eine entsetzliche Arbeitslosigkeit, außerdem haben sie kein Geld. Man kann nicht alle Probleme gleichzeitig lösen."

„Man kann aber auch nicht so tun, als gäbe es diese Probleme nicht – bei uns versuchen die Politiker ja auch immer wieder diesen Ausweg zu finden. Hast du jemals das erleichterte Gesicht eines Politikers gesehen, wenn endlich irgendein Professor ein Gutachten erstellt hat, daß ein bestimmter Stoff doch nicht so schädlich sei wie bisher angenommen?"

„Hast du denn schon?"

„Ja, ich habe schon! Gerade und ganz besonders nach der Katastrophe von Tschernobyl. Und ich kannte einen alten Arzt in München, der erklärte die Gefahren der Radioaktivität ganz einfach und einleuchtend. Er erzählte in Vorträgen und Vorlesungen, daß Radioaktivität deshalb so gefährlich sei, weil sie einfach bestehen bleibt. Er fing gar nicht erst mit Begriffen wie Halbwertszeit und anderen Fachwörtern an, sondern sagte schlicht: Die meisten Stoffe strahlen lange, Jahrzehnte und Jahrhunderte. Jede freiwerdende Radioaktivität muß also zum

Strahlungspotential unserer Atmosphäre hinzugezählt werden. Alles, was hinzukommt, ist zuviel, und alles, was die Menschen davon aufnehmen, ist gefährlich. Es kann zu Krebs führen, zu mißgebildeten Kindern und anderen Krankheiten. Er hat gesagt: Essen Sie verseuchte Fische, fahren Sie an einem undichten Transporter vorbei, gehen Sie in der Nähe einer Atomanlage spazieren. Vielleicht haben Sie schon Ihren Teil abbekommen, der ausreicht, um Sie zu töten! Sie sehen es nicht, Sie hören es nicht, Sie spüren nichts davon..., aber in zwei, fünf oder zehn Jahren bricht bei Ihnen eine bösartige Krankheit aus."

„In Ordnung", sagte Carla nach einer kurzen Pause. „Mir ist schon schlecht. Vielleicht solltest du dir mal einen anderen Professor anhören, um auf andere Gedanken zu kommen."

Sternberg hatte sich während seines Vortrags sehr gerade vor den Schreibtisch gestellt. Jedesmal, wenn er über das Thema Radioaktivität sprach, spürte er eine unbestimmte Angst in sich aufsteigen. Er redete die Angst regelrecht nieder, und trotzdem war da immer wieder ein Gedanke in seinem Kopf: Wir alle haben eine Menge Radioaktivität abbekommen in den letzten Jahrzehnten. Auch ich! Schnell schob er diesen Gedanken beiseite. Er sah zu Carla hinüber, die bereits wieder ein Fernschreiben verfaßte, und beugte sich über die Berichte – alles schien so normal zu sein.

Sie schickten Fernschreiben nach Holland, Belgien, Frankreich und an die niedersächsischen und schleswig-holsteinischen Polizeizentralen mit dem Ziel, in den nächsten Tagen eine gesamteuropäische Fahndung anlaufen zu lassen.

„So", sagte Sternberg gegen Mittag, „das wäre geschafft. Nun werden wir noch einmal zum Institut fahren und uns die Klamotten genauer ansehen, die in der Tonne waren. Ich habe angeordnet, daß sie dort zurückgehalten werden."

Sie gingen zu Fuß von der Polizeizentrale zum Institut, obwohl Kommissar Brinkmann ihnen einen Wagen angeboten hatte.

„Danke, aber ich brauche etwas Bewegung", hatte Sternberg erwidert und Carla am Arm gefaßt, was ihm einen mißgünstigen Blick seines Kollegen eingetragen hatte.

Der Weg zum Institut führte mitten durch die Innenstadt Hamburgs. Vor dem Rathaus blieben sie kurz stehen und schauten mit zurückgelegten Köpfen zu dem dunklen Turm auf. Sie atmeten den faulig-brackigen Geruch der schwarzen Kanäle ein, die Elbe und Alster verbanden, und betrachteten zerstreut die Auslagen der unzähligen Luxusgeschäfte.

„Wie viele Tonnen sind wohl versenkt worden?" sagte Carla plötzlich. Sie blieb unvermittelt stehen. „Und wie viele davon sind wohl undicht...?"

„Du denkst also auch darüber nach." Sternberg drückte ihren Arm.

„Ja, diese Frage bedrängt mich immer wieder. Stell dir doch nur einmal vor, was geschieht, wenn die Küste verseucht wird!"

„Ich stelle es mir lieber nicht vor."

„Ich auch nicht!"

Carla betrachtete eine silberne Kabine, die auf einem kleinen Platz stand. „Was ist das? Ein Ufo?" fragte sie.

Sternberg lachte. „Nein, das ist eine hochmoderne öffentliche Toilette. So etwas gibt es bei uns in Bayern noch nicht."

Carla kramte ein Fünfzigpfennigstück aus ihrer Tasche und steckte es in den Münzeinwurf. Beinahe lautlos öffnete sich der silberne Kasten. Carla sah Sternberg lächelnd an und betrat dann das Häuschen. Die silberne Tür schloß sich hinter ihr, und kurz darauf hörte Sternberg gedämpftes, aber trotzdem schallendes Gelächter aus der Kabine. Er umkreiste die Toilette. „Maximaler Aufenthalt 15 Minuten" stand auf einem Schild, und auf einem anderen: „Automatische Selbstreinigung!"

Noch immer hörte er Carla lachen, und er wartete voller Ungeduld, während ein nervöses Kichern in ihm aufstieg. Nach fünf Minuten endlich öffnete sich die Tür auf geheimnisvolle

Weise, Carla stolperte heraus und hielt sich, noch immer lachend, an ihm fest.

„Ist das ein Kitzelautomat, oder warum lachst du dauernd?" fragte Sternberg.

Carla wischte Tränen aus ihren Augen. Es dauerte ein paar Sekunden, ehe sie wieder sprechen konnte. „Es ist kaum zu fassen", stammelte sie dann. „Das Ding ist blitzblank und voller Spiegel, und wenn du den Raum betrittst, ertönt leise Musik. Außerdem erscheint eine Schrift, die blinkt und dir mitteilt, daß du keinen Abzug suchen sollst, weil das Klo sich nach Benutzung selbsttätig reinigt. Hör nur..."

Die silberne Kabine vibrierte, Wasser rauschte in der Ferne.

Carla begann wieder zu lachen.

„Kindskopf", sagte Sternberg. „Diese Dinger gibt es in Frankreich schon seit zehn Jahren."

„Das ist mir gleichgültig!" antwortete Carla. „Ich finde das ganze Ding einfach unglaublich. Man bekommt das Gefühl, gleich selbst mit fortgespült oder wegdesinfiziert zu werden, wenn man nicht schnell genug das Weite sucht. Es ist die reinste Höllenmaschine."

„Macht sie dir angst?"

„Ja", antwortete sie leise. „Ich lache die Angst weg. Ich finde diese Welt manchmal so absurd, daß mich nur das Lachen retten kann."

11 Sternberg mußte keinen Schutzanzug anlegen. Die Fundstücke aus der Tonne lagen in einem großen Glaskasten, und er konnte mit merkwürdigen Schutzhandschuhen arbeiten, die im Inneren des Kastens angebracht waren. Vorsichtig ließ er seine Hände und dann die Arme hineingleiten. Dr. Steffen stand neben ihm und beobachtete ihn prüfend.

„Genau so", bemerkte er sachlich. „Nun können Sie die Gegenstände ohne Gefahr berühren."

„Sind Sie ganz sicher?" fragte Sternberg.

„Fast sicher – schließlich arbeite ich auch auf diese Weise, und ich lebe immer noch."

Sternberg warf Dr. Steffen einen spöttischen Blick zu. „Wie lange arbeiten Sie schon hier?" fragte er.

„Seit vier Jahren. Warum?"

„Das ist noch keine besonders überzeugende Überlebenszeit für jemanden, der mit radioaktivem Material umgeht", erwiderte Sternberg und wandte sich dem Glaskasten zu.

„Also, hören Sie! Wir haben hier die strengsten Sicherheitsbestimmungen!" Dr. Steffen war empört – oder spielte er nur den Empörten?

„Lassen Sie's gut sein. Ist das auch alles?" fragte Sternberg mit einer leichten Kopfbewegung in Richtung Glaskasten, denn er konnte seine Hände nicht mehr frei bewegen.

„Es ist alles, was wir in der Tonne gefunden haben."

Sternberg nahm sich systematisch jedes Stück Stoff, jeden Arbeitshandschuh vor. Er faltete die Fetzen auseinander, überprüfte die Säume nach Etiketten oder Markierungen, rollte die Verbände auseinander. Er fand etliche Stellen, an denen solche Kennzeichen offensichtlich abgetrennt worden waren.

„Das, was Sie jetzt machen, haben gestern schon zwei Kollegen von der Spurensicherung absolviert. Sie haben nichts gefunden", sagte Steffen nach einer Weile.

„Die Kollegen sind sehr zuverlässig, aber man kann nicht gründlich genug nachsehen", erwiderte Sternberg und faltete ungerührt Kleidungsstücke und Fetzen auseinander, denn er hatte sehr wohl den ungeduldigen Ton in Steffens Stimme gehört. Er hatte zwar wenig Hoffnung, einen konkreten Hinweis zu finden, aber er wußte nicht recht, wo er sonst mit seiner Suche beginnen sollte.

Nach zehn Minuten räusperte sich Dr. Steffen gereizt. „Brauchen Sie noch lange?"

„Ich komme schon zurecht. Sie müssen nicht auf mich warten", antwortete Sternberg freundlich.

Dr. Steffen nickte und verließ den Raum.

Philip Sternberg setzte seine Arbeit bedächtig fort, aber er fand nichts. Ein Ziehen in seinem Rücken erinnerte ihn daran, daß die Haltung, in der er vor dem Kasten stand, nicht eben günstig für ihn war. Er neigte ohnehin zu Rückenschmerzen.

Noch drei Kittel lagen auf der rechten Seite des Glaskastens. Die schon überprüften Gegenstände hatte Sternberg sorgfältig auf die linke Seite gelegt.

Er preßte die Lippen zusammen und hielt inne. Gern hätte er wenigstens eine Hand benutzt, um über seinen Schnurrbart zu streichen, wie er es immer tat, wenn er nachdachte. Aber seine Hände steckten in den komischen Handschuhen, und er fühlte sich wie in einer Zwangsjacke. Schließlich richtete er sich mit einem leisen Stöhnen auf.

„Mein Gott", dachte er, „ich bin erst Anfang Dreißig und fühle mich manchmal wie ein alter Mann."

Entschlossen nahm er den nächsten Arbeitskittel und ließ Stück für Stück, Naht für Naht durch seine Finger gleiten. Diesmal fand er ein winziges Etikett, das in einer Falte versteckt war, halb eingenäht in einen Saum.

Sternberg versuchte es auseinanderzuziehen, aber es widersetzte sich den unbeholfenen Bewegungen. Er biß auf seine Unterlippe und bemerkte nicht, daß er in seinem Bemühen, das Etikett aufzurollen, die Zunge etwas vorstreckte. Es war schwierig, mit den ungewohnten Schutzhandschuhen umzugehen, vor allem, wenn man eine so diffizile Arbeit zu verrichten hatte. Aber Sternberg gab nicht auf. Schließlich hatte er es geschafft und konnte die Schrift lesen.

„Wash seperately" stand da.

„Verflucht!" entfuhr es Sternberg, und er sah auf. Carla stand neben ihm und betrachtete ebenfalls das Etikett.

„Klingt einleuchtend", sagte sie. „Ich würde es auch nicht mit der übrigen Wäsche in die Waschmaschine stecken."

„Haha", erwiderte Sternberg ärgerlich.

„Dreh es doch mal um", schlug Carla vor.

Sternberg stöhnte. „Meine Arme machen das bald nicht mehr mit, und mein Rücken bricht demnächst ab."

„Bist wohl nicht so ganz in Form? Zuwenig trainiert in letzter Zeit?"

Sternberg biß nochmals die Zähne zusammen und rollte das winzige Stückchen Stoff nach der anderen Seite auf. Leicht verwaschen, aber noch leserlich stand dort: „Sécurité Fr." Sternberg ließ die Arme sinken und zog vorsichtig seine Hände zurück. Er streckte sie von sich, spreizte die Finger und betrachtete sie aufmerksam von allen Seiten. „Ich hatte das Gefühl, als gehörten sie nicht mehr zu mir", sagte er. „Es war so, als müßte ich ab jetzt immer mit diesem Kasten herumlaufen. Eine erschreckende Vorstellung." Er rieb seine Arme und wandte sich Carla zu.

„Sécurité Fr.", sagte sie vor sich hin.

„Sécurité Fr.", wiederholte auch er. „Hast du eine Ahnung, was das bedeuten könnte?"

Carla warf ihm einen kritischen Blick zu. „Na ja", antwortete sie, „ich nehme an, du weißt genauso gut wie ich, daß Fr. vermutlich eine Abkürzung für Frankreich ist. Und Sécurité ist vielleicht eine Firmenbezeichnung."

„Na gut, dann hätten wir immerhin etwas. Möglicherweise hilft es auch nichts, aber damit haben wir den Hamburgern bewiesen, daß sie nicht gründlich genug gearbeitet haben." Sternberg lachte ein wenig gezwungen und versenkte seine Hände mit Abscheu noch einmal in die Handschuhe, um die letzten beiden Kleidungsstücke zu durchsuchen.

„Hast *du* denn etwas herausgefunden?" fragte er Carla.

„Nein, überhaupt nichts. Im Personalbüro haben sie mir erklärt, daß der Fahrer schon seit einem Jahr beim Institut beschäftigt sei. Er war also vermutlich nur neugierig, und wir in unserem grundsätzlichen Mißtrauen haben das falsch gedeutet."

Mit einem weiteren Seufzer zog Sternberg endgültig seine Hände aus den Arbeitshandschuhen. Er ging zu dem Waschbecken hinüber, das an der Wand angebracht war, und schrubbte gründlich seine Hände. „Es könnte ja sein, daß die Handschuhe doch nicht ganz dicht sind", erklärte er Carla und besah seine nassen Hände von allen Seiten. „Radioaktive Teilchen kann man bekanntlich abwaschen..."

Carla stellte sich neben ihn. „Und was machst du mit den Gammastrahlen?" fragte sie.

„Die gehen einfach durch mich hindurch." Sternberg grinste. „Ich atme tief ein, mache mich ganz locker und lasse alle Gammastrahlen passieren."

„Eine sehr originelle Lösung", bemerkte Carla trocken. „Das hätten wahrscheinlich die Leute in Hiroschima, Nagasaki, in Tschernobyl und Cattenom auch machen sollen."

12 Sternberg preßte den Telefonhörer an sein Ohr, denn er konnte kaum verstehen, was am anderen Ende der Leitung gesprochen wurde. Vor der Hamburger Polizeizentrale waren nämlich drei Schaufelbagger damit beschäftigt, den Baugrund für eine Erweiterung des ohnehin schon unüberschaubaren Gebäudekomplexes auszuheben. Wie seltsame Dinosaurier bewegten sie sich tief unter ihm, ihre stählernen

Gebisse in den Boden schlagend und große Löcher hinterlassend.

„Ich verstehe schlecht!" rief er. „Kannst du lauter sprechen?" Sternberg hielt das freie Ohr zu.

„Ist das immer so bei der Polizei?" hörte er Stevens ironische Stimme. „Ich meine diese Nebengeräusche."

Sternberg lachte auf. „Das ist der Polizeicomputer, der gerade heißgelaufen ist", antwortete er. „Nein, im Ernst, hier wird gerade gebaut – der Polizeiapparat breitet sich unaufhaltsam aus. Was gibt es Neues von Greenpeace?"

Am anderen Ende der Leitung entstand eine kleine Pause, dann räusperte sich Steven und erzählte: „Wir haben schon das Wesentliche geklärt. Es läuft so, wie wir es gestern abend besprochen haben. Wir werden übermorgen eine Pressekonferenz einberufen und den Fund der Tonne bekanntgeben. Die *Strandflieder* könnte theoretisch schon morgen auslaufen, damit sie so schnell wie möglich wieder am Fundort ist. Wir müssen nur noch im Detail besprechen, was wir auf der Pressekonferenz sagen und was nicht."

„Danke", sagte Sternberg. „Ich freue mich darauf, mit euch zusammenzuarbeiten."

„Keine Sentimentalitäten", erwiderte Steven kühl. „Es gab eine Menge Vorbehalte hier – weniger beim internationalen Vorstand. Wir werden auf der Pressekonferenz auf keinen Fall etwas von der Zusammenarbeit mit der Polizei sagen. Ihr müßt jetzt dafür sorgen, daß das absolute Stillschweigen über die Leiche eingehalten wird und der übereifrige Hamburger Kommissar uns nicht in die Quere kommt!"

„Ich werde mich darum bemühen", sagte Sternberg. „Allerdings weiß ich noch nicht, ob ich bei der Pressekonferenz dabeisein kann, denn wir müssen möglicherweise nach Frankreich fahren, um einiges abzuklären."

„Was ist mit Frankreich?"

„Kann ich noch nicht genau sagen. Wir überprüfen das erst

einmal. Ich melde mich wieder bei euch." Sternberg legte den Hörer auf und ging langsam in den Nebenraum hinüber. Kommissar Brinkmann saß an seinem Schreibtisch und trommelte nervös mit den Fingern auf einem Aktenordner herum. Carla stand am Fenster und beobachtete die Baumaschinen.

„Ich werde selbst nach Frankreich fahren – allerdings muß ich noch Rücksprache mit der Umweltzentrale in München halten."

Brinkmann schob den Ordner ärgerlich von sich. „Wir könnten Ihnen diesen Teil der Nachforschungen abnehmen. Schließlich sind wir als Kripo mit einem Mordfall befaßt!"

Sternberg setzte sich auf die Schreibtischkante und nahm einen Bleistiftspitzer, der die Form einer Pistole hatte. Er drehte das Ding hin und her und legte es dann schnell wieder zurück, als hätte er sich die Finger verbrannt.

„Das kann ich verstehen, Herr Brinkmann", sagte er langsam. „Aber sehen Sie, diese Vernetzungen im internationalen Atomgewerbe sind ziemlich kompliziert, vor allem in Frankreich, das ja als einziges europäisches Land, außer England, sein Atomprogramm noch immer ziemlich zielstrebig verfolgt. Man muß also damit rechnen, daß selbst die französischen Kollegen hinter diesem Atomprogramm stehen, weil es etwas mit dem Nationalstolz zu tun hat."

Sternberg machte eine Pause und schubste den Pistolenspitzer mit einem Finger leicht an, ehe er über seinen Schnurrbart strich. „Außerdem ist es gar nicht gesagt, daß die Franzosen etwas mit der Leiche zu tun haben. Es kann durchaus sein, daß nur dieser spezielle Arbeitskittel aus Frankreich stammt. Dies alles sind Dinge, mit denen wir umgehen können, und deshalb denke ich, daß wir sie auch klären sollten."

Sternberg sah zu Carla hinüber, die noch immer aus dem Fenster sah. „Möglicherweise fährt auch nur Frau Baran. Sie spricht hervorragend Französisch, und zwei Flugtickets sind unserem Vorgesetzten sicher zu teuer."

Carla reagierte nicht, und Sternberg bemerkte, daß Brinkmann den kleinen Pistolenanspitzer gedreht hatte und die Mündung jetzt direkt auf ihn wies. Er nickte Brinkmann ernst zu und verließ den Raum, um mit Burger, dem Leiter der Umweltzentrale in München, zu telefonieren.

Es dauerte einige Minuten, bis er seinen Vorgesetzten erreichte. Burger mußte von seiner Sekretärin aus einer Besprechung geholt werden.

„Hallo, Sternberg!" klang schließlich seine wie immer etwas angestrengte Stimme aus dem Apparat.

„Hallo!" sagte Sternberg. „Dieser Fall entwickelt sich wesentlich interessanter, als ich bisher angenommen hatte. In der Tonne haben wir nicht nur eine Leiche, sondern inzwischen auch Hinweise auf eine französische Firma gefunden. Es scheint mir deshalb unumgänglich, daß wir – ich meine, mindestens einer von uns – nach Frankreich fliegen, um die Sache zu klären."

„Nun ja, ich nehme an, daß Sie recht haben. Wer von Ihnen wird fahren? Ich schlage Frau Baran vor, denn sie spricht erheblich besser Französisch als Sie, Sternberg." Burger legte eine Pause ein, um sicherzugehen, daß seine Worte auch verstanden worden waren.

„Was haben Sie zur Identifizierung der Leiche unternommen?"

„Nun, wir haben alle Untersuchungen vornehmen lassen und können im Augenblick nur hoffen, daß der Mann irgendwo als vermißt gemeldet wurde. Wir haben eine internationale Fahndungsmeldung durchgegeben und erwägen, zu einem späteren Zeitpunkt ein Foto des Toten zu veröffentlichen. Allerdings ohne Hinweise darauf, daß der Mann in einer verseuchten Tonne gefunden wurde... Sonst ist uns noch nichts eingefallen."

Burger schwieg wieder.

„Es ist fraglich", sagte er dann, „ob Sie auf diese Weise schnell zu einem Ergebnis kommen werden... Aber es geht wohl nicht anders. Halten Sie mich auf dem laufenden. Sonst noch etwas?"

„Nein, sonst nichts mehr."

„Dann auf Wiedersehen und viel Glück, Sternberg."

„Auf Wiedersehen!"

Sternberg ließ den Hörer sinken. Er hatte ein schwammiges Gefühl, so als hätte er mit niemandem telefoniert. Seit dem Fall mit den deutsch-italienisch-schweizerischen Pestiziden war Burger sehr distanziert gegenüber Sternberg und Carla Baran. Er verzieh ihnen die Eigenmächtigkeit nicht, mit der sie sich über seine Weisungen hinweggesetzt hatten. Sternberg dachte darüber nach, daß sie ihm diesmal wieder Wesentliches verschwiegen, nämlich die Zusammenarbeit mit Greenpeace. Burger hätte dem vermutlich nie zugestimmt, obwohl er sogar eine gewisse Hochachtung vor den Greenpeacern hatte. Immerhin hatte er nichts dagegen, daß Carla nach Frankreich fuhr. Einen Augenblick lang überlegte Sternberg, ob er nicht auf eigene Kosten mitfahren sollte, aber dann fiel ihm sein letzter Kontoauszug ein, und er gab diesen Plan sofort wieder auf. Außerdem mußte er mit den Greenpeacern die Pressekonferenz vorbereiten.

Sternberg kehrte in Brinkmanns Büro zurück.

„Die Antwort auf mein Teleschreiben ist da", sagte Carla und wies auf den Bildschirm hinter Brinkmanns Schreibtisch. „Es gibt in der Nähe von Paris eine Firma mit dem Namen Sécurité. Dort werden Spezialausrüstungen für die Arbeit in allen möglichen Anlagen für chemische, nukleare und sonstige erfreuliche Produkte hergestellt. Ich frage mich nur, ob es überhaupt einen Sinn macht hinzufahren. Die Liste der belieferten Firmen wird endlos sein, und es ist fraglich, ob sie diese Liste überhaupt herausrücken."

Sternberg betrachtete seine Schuhe und erwiderte dann: „Ich glaube sehr wohl, daß es sinnvoll ist, wenn du hinfährst.

Dann erst kannst du ein Gefühl für mögliche Zusammenhänge entwickeln. Vielleicht wissen auch die Kollegen im Pariser Umweltdezernat etwas, das uns weiterhilft. Außerdem kommst du an Ort und Stelle leichter an die Kundenliste von Sécurité heran als von Hamburg aus. Meinst du vielleicht, die reagieren auf ein Fernschreiben? Und ob die französischen Kollegen sich wirklich darum bemühen, die Liste für uns zu bekommen, ist auch zweifelhaft. Es ist immer besser, den Leuten persönlich auf den Zahn zu fühlen. Von dir weiß ich wenigstens, daß du nicht bestechlich bist – wer garantiert mir das bei irgendeinem Kommissar Maigret, den ich nicht kenne...?"

„Du bist sehr mißtrauisch, Philip Sternberg", murmelte Carla. „Ist das deine Natur oder eine Berufsneurose?"

„Es ist einfach meine Erfahrung, Carla, und das Wissen um die Gehälter meiner Kollegen."

Brinkmann räusperte sich empört und schob seinen Stuhl mit einem kreischenden Scharren zurück. „Ich hoffe, Sie dehnen Ihre Verdächtigungen nicht auf die Hamburger Kripo aus. Das möchte ich mir sehr verbitten!"

Sternberg lächelte seinen Kollegen spöttisch an und zuckte die Achseln. „Alle Anwesenden sind wie immer ausgenommen."

13 Carla saß bereits am Nachmittag in der Lufthansa-Maschine nach Paris. Der Flug war unangenehm, denn das Sturmtief über Norddeutschland war inzwischen nach Frankreich weitergezogen. Das Flugzeug holte es ein und taumelte von Luftloch zu Luftloch. Carla überprüfte ihren Sicherheitsgurt. Sie hatte das Gefühl, in Abgründe zu blicken, wie bei einer extremen Bergtour, wenn sich in der Wolkendecke wirbelnde Krater öffneten, Strudel und Tunnels sich auftaten und das Flugzeug zwischen Wattefetzen nach unten sackte. Die Luft schien Schlaglöcher zu haben, und die Maschine erzitterte. Niemand an Bord konnte etwas essen, alle saßen angespannt in ihren Sitzen. Als sie endlich zum Landeanflug auf Paris-Orly ansetzten, fühlte sich Carla erleichtert. Sie hatte eigentlich die ganze Zeit nur darauf gewartet, endlich anzukommen und damit diesen zweistündigen Streß hinter sich zu haben.

„Welch eine Zeitverschwendung", dachte sie. „Man könnte genausogut durch eine Rohrpostleitung verschickt werden – es ist dunkel, ab und zu kracht es, und man wird in eine andere Richtung geschleudert."

Sie schauderte und blickte durch das Fenster des Flugzeugs. Die Maschine rollte aus. Es regnete draußen in Strömen – wie bei ihrer Ankunft in Hamburg. Himmel und Erde waren einheitsgrau eingefärbt. Carla nahm ihre große Tasche und begab sich mit den anderen Passagieren durch ein Röhrensystem zum Flughafengebäude. Kein Regentropfen berührte sie. „Es ist wirklich wie mit der Rohrpost", dachte sie. Hinter der Absperrung wartete ein französischer Kriminalbeamter mit einem großen Regenschirm auf Carla. Er beobachtete amüsiert, wie ein Polizist sie mit einem Detektor nach Waffen absuchte. Carla seufzte und zückte ihren Dienstausweis und eine Legitimation, die sie von solchen Untersuchungen ausnahmen.

Der junge Beamte salutierte kurz vor ihr und führte sie dann ohne weitere Kontrollen zu dem Mann im hellgrauen Regenmantel, von dem sie ohnehin angenommen hatte, daß er auf sie wartete.

„Guten Abend, Madame, herzlich willkommen in Paris", sagte der Mann. „Mein Name ist Beauvais. Ich bin Kommissar im französischen Umweltdezernat." Beauvais lächelte professionell; in seinen Augen war keine Spur von Herzlichkeit zu entdecken. Er hatte ein hübsches, etwas südländisches Gesicht, dunkle, glatte Haare und einen sehr dünnen Schnurrbart über der Oberlippe. Seine Augenbrauen waren fast keck geschwungen, und zwischen ihnen stand eine steile, tiefe Falte, die Beauvais etwas Ältliches verlieh. Er mochte Mitte Vierzig sein, befand Carla und stufte ihn als leicht angebraucht ein.

„Sie haben nur diese eine Tasche?" fragte er.

„Ja, ich hoffe, mein Aufenthalt wird sehr kurz sein, denn es handelt sich eigentlich nur um eine Routineüberprüfung."

„Hätten wir das nicht für Sie erledigen können?"

„Überlassen Sie Unbekannten irgendwelche Nachforschungen, die Sie für sehr wichtig halten?" fragte Carla zurück.

Beauvais zuckte die Achseln und faßte Carla leicht am Arm, um sie zum richtigen Ausgang der Flughafenhalle zu leiten. Draußen goß es in Strömen, und Beauvais klappte den riesigen Regenschirm auf.

„Mein Wagen steht gleich da drüben", sagte er. Sie suchten einen Weg zwischen den parkenden und anfahrenden Autos hindurch. Carla fröstelte, und so zog sie ihren Mantel enger um sich. Schweigen senkte sich über die beiden, als sich der dunkelblaue Citroën in die Autoschlange einordnete, die auf dem Weg nach Paris war. Carla mußte an ein Poster denken, das sie im Greenpeace-Büro gesehen hatte: Paris am Grunde eines Meeres, versunken wie einst das sagenhafte Atlantis. Große Fische glitten rund um den Triumphbogen. Es war ein stilles, grünes Meer, in das der Maler Paris getaucht hatte. Der Blick durch die Windschutzscheibe des Citroën aber zeigte ein Paris, das eher im Dreckwasser der Seine untergegangen zu sein schien. Es war undurchsichtig und graubraun. Die Scheinwerfer der Autos durchbrachen die Wasserschwaden, Hochhäuser ragten links und rechts der Stadtautobahn auf. Carla erschauerte nochmals. Sie dachte an einen Besuch in Paris vor vielen Jahren. Damals war sie am Gare de l'Est, am Ostbahnhof, angekommen – die Sonne schien, und ein paar hundert junge Leute stürmten über den Bahnsteig und demonstrierten für eine Reform der französischen Schulen. Es war ein fröhliches, fast revolutionäres Paris gewesen, das sich ihr gezeigt hatte. Aber die Luft dieser Stadt hatte sie schon damals kaum atmen können; ein dicker Pesthauch von Autoabgasen und Industriegestank lag über den Straßen.

Es kam so, wie Carla es sich vorgestellt hatte. Nach fünf Minuten langsamer Fahrt steckten sie im Stau. Die Scheibenwischer des Citroën zuckten im Rhythmus der Intervallschaltung und ließen jedesmal für Bruchteile von Sekunden die Autos vor ihnen etwas genauer sichtbar werden.

„Es ist deprimierend, finden Sie nicht?" Beauvais sprach langsam und sah Carla von der Seite an. „Jetzt bleibt uns nichts anderes übrig, als uns zu unterhalten." Er schaltete den Motor aus und streckte die Arme von sich, dann räkelte er sich kurz. „Woher kommen Sie? Aus Hamburg?"

„Nein, dort arbeiten wir nur im Augenblick an einem Fall. Ich komme eigentlich aus München, von der nationalen Umweltzentrale der Polizei."

Beauvais zog ein Päckchen Gauloises aus der Manteltasche und hielt es Carla einladend vors Gesicht. Sie schüttelte den Kopf. Beauvais steckte sich eine Zigarette in den Mund und zündete sie an. Er kniff ein Auge zu, als der Rauch aufstieg. „Aber Sie sind doch keine Deutsche, so wie Sie aussehen und Französisch sprechen. Sind Sie Französin?"

Carla runzelte die Stirn. Sie hatte keine Lust, über sich zu sprechen. Widerwillig antwortete sie schließlich: „Meine Mutter ist Deutsche, mein Vater Italiener." Beauvais lehnte sich gegen die Wagentür und betrachtete Carla aufmerksam mit einem Ausdruck in seinen Augen, den sie nicht mochte. Beauvais war auf Freiersfüßen. Sehr langsam blies er den Rauch vor sich hin. „Würden Sie heute abend mit mir essen gehen, wenn wir alles erledigt haben?" fragte er gespielt harmlos.

Carla seufzte. "Wenn ich alles erledigt habe, dann fliege ich vermutlich noch heute abend nach Hamburg zurück", erwiderte sie.

Beauvais öffnete das Fenster einen Spalt und warf die Zigarette, die er nur halb geraucht hatte, hinaus. Eilig verschloß er das Fenster wieder, denn der Sturm drückte den Regen gegen das Auto, und selbst durch den schmalen Spalt drangen die Tropfen ins Innere des Wagens.

"Na, dann kann ich nur hoffen, daß uns nicht alles gelingt, was Sie so vorhaben!" Er lachte kurz auf – ihre Distanziertheit war ihm nicht entgangen.

Die Autos vor ihnen setzten sich wieder in Bewegung. Beauvais klemmte sich eine neue Zigarette in den Mundwinkel und ließ den Motor an. Im Zeitlupentempo bewegte sich die Autokolonne auf Paris zu. Sie sprachen ein wenig über ihre Arbeit, über den Stand der Auseinandersetzungen zwischen Kernkraftgegnern und Regierung in Frankreich.

"Wir haben inzwischen weit über fünfzig Kernkraftwerke und zwei Wiederaufarbeitungsanlagen. Wir haben eine Menge Atombomben und auch eine Menge Leute, denen das allmählich auf die Nerven geht. Es gibt sogar schon Terroranschläge gegen Atomkraftwerke. Und weil das alles so ist, haben wir eine Polizei, die ungeheuer schlagkräftig ist – im wahrsten Sinne des Wortes. Es ist nicht besonders gemütlich in Frankreich seit einiger Zeit." Beauvais legte resigniert die Hand auf den Schalthebel für das automatische Getriebe.

Carla fühlte sich angespannt und unbehaglich, aber es gab eigentlich keinen rechten Grund dafür. Beauvais lieferte ihr eine vermutlich ziemlich zutreffende Schilderung der Zustände in Frankreich. Eigentlich war alles sehr interessant. Sie beobachtete ihn von der Seite, als er weitersprach.

"Wir haben zu viele Ausländer, zu viele Rechtsradikale, zu viele Linksradikale, zuviel Wein..." Ein ironischer, beinahe schon verächtlicher Ausdruck lag auf seinem Gesicht. Der schmale Schnurrbart bewegte sich nach unten. Carla wußte plötzlich, was sie an Beauvais störte. Er meinte nicht wirklich irgend etwas – alles war ihm gleich. Er war ein zynischer, unbeteiligter Beobachter.

Große Schilder zeigten eine Autobahnausfahrt an. Nachdem sie sich zentimeterweise bis zu ihr vorgekämpft hatten, bog Beauvais von der Autobahn ab und fuhr auf eine Nebenstraße. Zwar bildeten sich auch hier vor jeder Ampel lange Schlangen, aber es ging ein wenig schneller vorwärts. Sie durchquerten gespenstische Vorstädte aus Beton und Glas. Hinter den erleuchteten Glasfronten der Hochhäuser erkannte Carla Menschen an Schreibtischen oder an den Theken chromblitzender Schnellrestaurants.

„Paris ist so unverwechselbar geworden in den letzten Jahren", sagte sie in dem Ton, den auch ihr Kollege bisher angeschlagen hatte.

Beauvais warf ihr einen prüfenden Blick zu. „Es ist wie überall", entgegnete er dann. „Paris ist ein ganz normaler Ausdruck unserer schönen neuen Welt. Zu erkennen ist es nur noch an seinem alten Zentrum. Das Resultat dieser Entwicklung sind hohe Kriminalität und überwältigende Umweltprobleme. Es ist durchaus spannend, hier zu leben, wenn man einen Sinn für Katastrophen hat."

Sie überquerten einen großen, leeren Platz, in dessen Mitte ein Obelisk stand, ein kleiner nur, und hielten vor einem Hochhaus, das allen anderen in dieser Gegend glich.

Das Polizeihauptquartier war hell erleuchtet, obwohl es noch nicht spät am Nachmittag war. Der schwarzgraue Himmel allerdings machte den Nachmittag zum Abend. Carla hatte Beauvais ein wenig von ihrem Auftrag erzählt. Er hatte sehr zweifelnd reagiert.

„In diesem Land ist es noch immer sehr schwierig, etwas gegen die Atomwirtschaft zu unternehmen. Sie werden es sehen", sagte er, als sie den Citroën verließen. Er geleitete sie mit seinem Regenschirm in das Polizeihauptquartier. Sie zeigten ihre Ausweise und gingen dann durch eine riesige Halle, die mit dunkelgrauen Steinfliesen ausgelegt war. Der Fahrstuhl brachte sie in den siebten Stock zum Umweltdezernat. Alles erschien Carla zu groß, zu modern und eiskalt. Die Sekretärin des Dezernatschefs paßte nicht in das chromblitzende Vorzimmer voller Computer und Bildschirme. Sie war eine ältere Frau mit graublonden Locken, trug eine unmodische Brille und war nur mäßig schick gekleidet.

Carla dachte, daß sie wohl aus den Zeiten übriggeblieben war, als das Polizeihauptquartier noch in einem Altbau der Pariser Innenstadt untergebracht war, mit Linoleumböden, alten Aktenschränken und zerkratzten Schreibtischen. In absehbarer Zeit würde sie vermutlich durch eine jüngere Frau ersetzt werden, die besser zur Einrichtung paßte.

„Bonjour! Sie können gleich hineingehen", sagte die Frau freundlich und lächelte Carla zu. Carla nickte und trat vor Beauvais in das Zimmer des Dezernatsleiters. Er saß hinter einem großen Plastikschreibtisch, über dessen Ausmaße hinweg man sich kaum die Hände reichen konnte. Carlas Augen glitten über die spiegelnde weiße Fläche zu dem Menschen, der dort saß. Seine Haare saßen ordentlich geschnitten über einem breiten, zerfurchten Gesicht. Er war nicht mehr jung, vielleicht Mitte Fünfzig, und trug einen blauen Anzug, der ein wenig zu blau war und deshalb etwas unseriös wirkte. Seine Krawatte saß ein wenig schief.

Als Carla vor dem Schreibtisch stand, sprang der Mann auf und streckte ihr die Hand entgegen. Allerdings war der Schreibtisch wirklich zu breit für eine Begrüßung. Der Mann kam deshalb eilig um den Tisch herum und stellte sich vor ihr auf. „Da sind Sie ja! Madame Baran, nicht wahr?" Er verbeugte sich leicht vor ihr. „Mein Name ist Simoni. Mein Kollege Cabani hat mir von Ihnen erzählt. Erinnern Sie sich an Cabani?

Ich habe schon mehrmals mit ihm zusammengearbeitet und schätze ihn sehr!"

Carla drückte die kräftige Hand mit den dunklen Härchen auf dem Rücken. Sie freute sich, daß Simoni Cabani kannte. Simoni schien ebenfalls italienischer Abstammung zu sein, jedenfalls deutete alles an ihm darauf hin: sein breites, dunkles Gesicht, die untersetzte Gestalt, seine Freundlichkeit. Sie dachte an Cabani, mit dem sie die geheimnisvolle Seuche aufgeklärt hatte, der damals Hunderte von Menschen zum Opfer gefallen waren. Sie hatte sich ein wenig in Cabani verliebt... Cabani war für Carla so etwas wie eine unerledigte Angelegenheit. Hin und wieder telefonierte sie mit ihm – mehr war bisher nicht daraus geworden.

Ihr Blick fiel auf Beauvais, um dessen Mundwinkel wieder ein spöttisches Lächeln zuckte. Er hielt seinen Chef offensichtlich für einen etwas ungehobelten Bauern.

Simoni atmete tief ein; dabei weitete sich deutlich sein Brustkorb. Dann fragte er: „Was kann ich für Sie tun, Madame Baran? Ich habe aus dem Teletext nur entnehmen können, daß Sie sich für die Firma Sécurité interessieren."

Carla erzählte Simoni in groben Zügen die Geschichte der Tonne und ließ nach kurzer Überlegung zunächst den Namen Greenpeace weg. Sie wußte, daß man in Frankreich noch immer nicht besonders gut auf die Umweltschutzorganisation zu sprechen war. Vielleicht würde sie Simoni unter vier Augen davon erzählen, aber sicher nicht, wenn Beauvais zuhörte. Sie saß in einem kühlen Sessel aus Kunstleder und hielt ein Glas Cognac in der Hand, das Simoni ihr aufgedrängt hatte.

Simoni hörte ihr aufmerksam zu und blickte dann auf seine Armbanduhr. „Es geht gerade noch", sagte er. „Wenn Sie mit Beauvais sofort zur Firma Sécurité fahren, dann werden Sie noch etwas erreichen können. Ich werde dort anrufen, und dafür sorgen, daß die verantwortlichen Herren dableiben, bis Sie kommen." Simoni griff zum Telefon und nickte Carla und

Beauvais energisch zu.

Beauvais öffnete höflich die Tür und brachte Carla zum Fahrstuhl. „Es würde mich sehr wundern, wenn wir erfolgreich wären", sagte er, während die rotlackierte Kabine nach unten schwebte.

Carla zuckte nur die Achseln.

14

Diesmal hatten sie mehr Glück mit der Strecke, denn der Weg zu Sécurité lag abseits des Verkehrsstroms. Außerdem hatte es inzwischen aufgehört zu regnen. Ein gelblicher Himmel erschien hinter den dunklen Wolken, als sie sich der Firma näherten. Sécurité sah sehr ordentlich aus. Die Gebäude der Firma lagen zwischen flachen Lagerhallen, Möbelhäusern und allerlei Kleingewerbebetrieben. Sécurité bestand aus drei mehrstöckigen weißen Gebäuden, die miteinander verbunden waren. Der Firmenname leuchtete weithin in großen Neonbuchstaben.

Beauvais stellte den Citroën vor dem Haupteingang ab. Während sie auf das Gebäude zugingen, dachte Carla darüber nach, daß sie keine Ahnung hatte, wie sie an Informationen herankommen könnte. Beauvais stieß die gläserne Eingangstür auf, und sie befanden sich inmitten der Plastikwelt, die Carla kaum noch ertragen konnte. Einzig das Wandrelief milderte diesen Eindruck ein wenig. Es stellte einen Vogel dar, den zwei Hände behutsam hielten.

„Eigentlich paßt dieses Relief eher zur Friedensbewegung als zu einer Firma, die Zulieferer von Kernkraftwerken und Chemieunternehmen ist", dachte Carla. Das Wandbild war allerdings so groß, daß es wie ein Mahnmal wirkte, ein Effekt, der vermutlich von der Direktion nicht beabsichtigt worden war.

Im Empfangsraum von Sécurité saßen ein Pförtner und eine junge Frau, beide in hellblaue Uniformen gekleidet.

Beauvais zeigte seinen Dienstausweis und verlangte den Direktor zu sprechen.

„Bitte folgen Sie mir, die Direktion ist bereits unterrichtet", sagte die junge Frau kühl und rückte ihre militärisch anmutende Mütze zurecht. Sie war blond und schlank und verbreitete eine Krankenschwesternatmosphäre.

Die Direktionsetage lag im fünften Stock und war mit weißen Teppichböden ausgelegt. Die junge Frau ging ihnen voran, ihre Schritte waren lautlos. Sie klopfte an eine Tür und nickte dann leicht mit dem Kopf. Die Tür öffnete sich, und ein Raum tat sich vor Carla auf, der wiederum ganz in Weiß gehalten war: weiße Ledersessel, weißer Schreibtisch, weiße Regale, weiße Übertöpfe für die wenigen, aber überdimensionalen Pflanzen. Die Wände allerdings waren mit abstrakten Bildern regelrecht tapeziert.

Direktor Hernu kam auf Carla und Beauvais zu. Er war ein junger Mann in einem eleganten hellgrauen Anzug und glich eher einem Dressman als einem Industriemanager.

„Was kann ich für Sie tun, Madame?" fragte Hernu und verbeugte sich leicht vor ihr. Beauvais nahm er kaum zur Kenntnis. Er bot Carla Platz in einem der weißen Ledersessel an und fragte, ob sie Kaffee oder Tee oder einen Drink wünsche – vielleicht auch einen kleinen Imbiß, es sei schließlich spät am Nachmittag.

Carla setzte sich behutsam in den kalten, glatten Sessel. Angesichts dieser geballten Demonstration von Reichtum und Macht fühlte sie sich einen Augenblick lang unsicher. Sie dachte an ihre bescheidene Wohnung in München, ließ den Blick über die Bilder gleiten, die zweifellos echt waren – zwei Picassos erkannte sie und eine Zeichnung von Max Ernst –, und sie dachte kurz darüber nach, warum demonstrativer Reichtum wohl bewirkte, daß sie sich klein fühlte.

Direktor Hernu lächelte sie an, aber sein Lächeln meinte sie nicht wirklich. Es glitt über sie hinweg zu den teuren Bildern an den Wänden...

Carla dachte an den Toten in der Tonne. Die Leute, die veranlaßt hatten, daß er diesen Sarg erhielt, lächelten vermutlich ähnlich. Sie richtete sich auf, wobei der Ledersessel leise quietschte. Dann hörte sie sich selbst sprechen, ruhig und klar. Allerdings war sie noch nicht ganz mit ihren Worten identisch. Es erging ihr wie in einer Prüfungssituation, wenn man anfängt zu reden, ohne die Lösung der Aufgabe zu wissen. Aber nach wenigen Minuten ging es besser, und Hernu schien nichts von ihrem inneren Kampf bemerkt zu haben. Carla schilderte den Fund der Tonne, verschwieg aber die Existenz der Leiche, denn es war zu befürchten, daß die Firma Sécurité ihre Kunden warnen würde.

„Die Kleidung, die wir in der Tonne gefunden haben, stammt von Ihrer Firma. Die Etiketten beweisen das. Wir benötigen deshalb eine Liste der Firmen, die mit radioaktivem Material arbeiten und die Sie mit Ihrer Spezialkleidung beliefern, Monsieur Hernu."

Es war ganz still in dem hellen Raum. Hernus Lächeln war verschwunden, und er führte langsam die Fingerspitzen zueinander.

„Madame", sagte er, „das ist eigentlich nicht unsere Art, mit Kunden umzugehen. Es handelt sich um einen sehr sensiblen Firmenbereich. Die Zusammenarbeit ist Vertrauenssache. Eine Offenlegung der Kundenliste könnte uns sehr schaden." Hernu wirkte noch immer höflich, aber keineswegs freundlich. Carla bemerkte einen harten, scharfen Zug in seinem hübschen, schmalen Gesicht, der ihr zuvor nicht aufgefallen war.

„Es wird Ihnen nichts anderes übrigbleiben, als uns die Liste zu geben", sagte Beauvais leise. „Wir könnten sonst einen richterlichen Durchsuchungsbefehl erwirken. Das wäre für Sie doch noch unangenehmer."

Hernu schlug die Beine übereinander und faltete erneut seine Hände, schmale, sehr gepflegte Hände.

Er glich plötzlich einem Raubvogel. Seine Nase schien spitzer zu werden, sein Mund dünner, seine Augen waren ohnehin leicht schräg.

„Ich bezweifle, daß Sie diesen Durchsuchungsbefehl bekommen werden, Monsieur... Verzeihen Sie, daß ich Ihren Dienstgrad nicht kenne." Hernu sprach sanft, doch etwas Bedrohliches lag in seiner Stimme.

„Warum sollten wir diesen Befehl nicht bekommen?" fragte Beauvais ebenso ruhig.

„In unserem Land ist die Atomwirtschaft einer der wichtigsten Wirtschaftszweige. Es ist politisch nicht opportun in Zeiten, da sich die Gegner zusammenschließen, auch noch staatlicherseits gegen Atombetriebe vorzugehen."

Carla saß ganz still. Ihre Muskeln schmerzten. Sie hatte noch nie einen Industriemanager so deutlich seine Macht ausspielen sehen.

Hernu wandte sich ihr zu und musterte sie kühl. Er ließ seinen Blick über ihre Beine gleiten, die in hellen Lederstiefeln steckten. Carla sah ihm fest in die Augen. Sie war inzwischen hellwach und registrierte jede Bewegung ihres Gegenübers. Ein winziges Lächeln erschien in Hernus Augenwinkeln. Er hatte Carlas Aufmerksamkeit zur Kenntnis genommen. „Sie müssen verstehen", Madame", sagte er. „Ich finde es durchaus nicht in Ordnung, wenn gewisse Firmen Atommüll in der Nordsee versenken. Aber auch das ist mehr ein politisches Problem. Die Zwischen- und Endlagerung dieses Mülls ist noch immer nicht gelöst. Wo werfen Sie denn Ihren Müll hin, wenn die Müllabfuhr streikt? Wahrscheinlich auf die Straße, nicht wahr? Das ist in etwa die Situation vieler Atombetriebe. Sie werden doch nicht im Ernst einen Wirtschaftszweig mit derart vielen Arbeitsplätzen gefährden wollen, einen Teil der europäischen Volkswirtschaft, nur weil jemand ein paar Fässer ins Meer geworfen hat!" Die letzten Worte Hernus klangen wie ein Befehl.

Carla starrte ihn an, dann lächelte sie ebenfalls. „Sie haben hübsche Bilder hier", sagte sie. „Mich wundert, daß Sie in der Lage sind, sich mit Schönheit zu umgeben und gleichzeitig die Zerstörung von Schönheit zu betreiben."

Hernu zuckte kaum merklich mit den Augenlidern. „Sie sind sehr selbstgerecht", antwortete er ärgerlich. „Gehören Sie zur besseren Hälfte der Menschheit, zu denen, die auf alles verzichtet, um nur nichts Böses zu tun?"

Carla schüttelte den Kopf. „So einfach können Sie es sich nicht machen, Monsieur Hernu", sagte sie. „Also, bekommen wir die Listen oder nicht?"

Hernu schüttelte den Kopf. „Ich werde mich noch mit den Vizedirektoren beraten, aber ich glaube kaum, daß unsere gemeinsame Entscheidung anders aussehen wird."

15 Simoni ging in seinem Büro nervös auf und ab. Carla und Beauvais saßen in den unbequemen Sesselchen und sahen ihm dabei zu.

„Es wird schwierig sein, einen Richter zu finden, der den Durchsuchungsbefehl tatsächlich ausstellt, da hat der feine Direktor Hernu recht!" Simoni war aufgebracht. „Sehen Sie, Madame Baran. Es ist für unsere Behörde ziemlich einfach, etwas gegen die Verschmutzung der Seine oder gegen jemanden, der Plastikabfälle im Hinterhof verbrennt, zu unternehmen. Aber gegen die Atomwirtschaft in Frankreich etwas zu tun, das gleicht noch immer einer Art nationalem Frevel! Es ist wirklich eine sehr schwierige Situation." Simoni blickte verzweifelt zu Carla hinüber. Seine Krawatte saß noch schiefer als am Nachmittag, und sein blauer Anzug war noch zerknautschter.

Carla lächelte ihm zu. „Es ist ganz besonders schwer, zu erkennen, daß man wenig Macht hat, nicht wahr? Mir geht es häufig genauso. Das sind die Momente, in denen man den Beruf an den Nagel hängen möchte, um Rosen zu züchten oder Hundefrisör zu werden. Aber das ist auch keine Lösung, denn irgendwann findet man den Giftmüll im Rosenbeet, oder die feinen Pudelbesitzer werden so unverschämt, daß man es auch nicht aushält."

Simoni grinste und blieb stehen. „Ich riskiere einiges, wenn ich den Durchsuchungsbefehl zustande bringe, aber meine Karriere ist sowieso nicht sonderlich beeindruckend gewesen..."

„Sie werden doch nicht im Ernst erwägen, tatsächlich einen Richter zu bemühen!" Beauvais sprang auf. „Monsieur Simoni, ich bitte Sie. Es ist wirklich riskant!"

Carla war nicht sonderlich über Beauvais' Ausbruch erstaunt. Etwas Ähnliches hatte sie von ihm erwartet. Er hatte keinen echten Standpunkt, er taktierte in einem komplizierten System von Macht, um selbst einigermaßen daran teilnehmen zu können.

Simoni blieb vor seinem Assistenten stehen. Er senkte nachdenklich seinen breiten, zerfurchten Kopf und betrachtete Beauvais aufmerksam. Dann schüttelte er den Kopf. „Werden Sie erst mal so alt wie ich, mein Sohn", sagte er freundlich. „Sie werden sich dann plötzlich die Frage stellen müssen, warum Sie eigentlich etwas tun und was für einen Sinn Ihr Leben überhaupt macht. Man kann so ganz gut durchkommen, aber ob man hinterher darüber glücklich ist, das ist eine andere Frage. Ich habe schon lange etwas gegen die Atomfabrik, und jetzt kann ich vielleicht endlich etwas dagegen tun – und wenn es meine letzte Amtshandlung ist. Mir fehlen noch sechs Jahre zur Pensionierung, was sollte da schon besonders riskant sein?"

Beauvais zuckte die Achseln, und sein Gesicht wirkte gelblich.

Simoni dachte nach, ging zum Fenster, sah hinaus und sagte dann: „Scheußlich, die Aussicht hier ist scheußlich. Nichts als Hochhäuser, kalte, leere Plätze. Gott sei Dank gibt es noch erfreulichere Dinge als diese hier." Er wandte sich um und sah Carla an. „Ich werde es versuchen", murmelte er halb zu sich selbst. „Ich kenne einen Richter, der es vielleicht macht, vielleicht."

Carla dachte nach. Es wäre leichter für Simoni, wenn sie ihm von der Leiche in der Tonne erzählen würde. Aber sie wollte nicht, daß Beauvais davon erfuhr. Irgendwie traute sie ihm nicht. Der Zufall kam ihr zu Hilfe, denn Beauvais erhob sich und entschuldigte sich für ein paar Minuten. Carla wartete, bis er das Zimmer verlassen hatte, dann sprang sie auf und stellte sich neben Simoni ans Fenster. „Ich muß Ihnen noch etwas sagen, Monsieur. Ich habe eine wichtige Information zurückgehalten und bitte Sie, die Sache vertraulich zu behandeln, also unter Ausschluß der Öffentlichkeit. Wir haben in der Tonne mit dem radioaktiven Material auch einen Toten gefunden. Einen jungen Mann, der offensichtlich verschwinden sollte."

Simoni reagierte kaum. Er starrte weiterhin aus dem Fenster und nickte nur leicht mit dem Kopf. „Das wundert mich nicht", sagte er nach einer Weile leise. „Aber es wird uns sicher dabei helfen, den Durchsuchungsbefehl zu bekommen."

Simoni trat zum Telefon und wählte eine Nummer, indem er mit den Fingerspitzen die elektronische Tastatur berührte. „Entschuldigen Sie, Richter", sagte er laut. „Es tut mir leid, daß ich Sie zu Hause stören muß, aber es handelt sich um eine dringende Angelegenheit. Kann sich Sie jetzt gleich sehen?"

Simoni nickte, verabschiedete sich und legte auf. „Beauvais wird sich um Sie kümmern", sagte er. „Wir treffen uns in unserem Stammlokal. Sagen Sie ihm das, er weiß dann schon Bescheid."

Als Beauvais wieder ins Zimmer kam, war Simoni schon gegangen. Carla gab die Nachricht an ihn weiter.

Beauvais sah grimmig vor sich hin.

„Er will es diesmal wohl ganz genau wissen", sagte er leise.

„Wollen Sie es lieber nicht so genau wissen?" fragte Carla zurück.

„Manchmal ist es besser, die Dinge nicht auf die Spitze zu treiben. Aber das ist wohl eine Eigenschaft, die in Deutschland nicht besonders verbreitet ist, oder?"

Carla sah Beauvais prüfend an. Er lächelte wieder verächtlich.

„Ich bin zur Hälfte Italienerin", erwiderte Carla spöttisch.

16 Carla und Beauvais aßen in dem kleinen Speiselokal gegenüber der Kunstakademie, das Simoni als Treffpunkt vereinbart hatte. Nach dem zweiten Aperitif war Carlas Hunger so übermächtig geworden, daß sie nicht mehr auf den Kommissar warten konnte. Sie bestellte Huhn im Topf, Beauvais wählte Lammkoteletts mit grünen Bohnen. Sie warteten bereits seit zwei Stunden auf Simoni, und das Gespräch mit Beauvais stockte immer wieder.

„Er wird es nicht schaffen", betonte der Kollege hartnäckig ein ums andere Mal.

„Mein Gott", sagte Carla schließlich ärgerlich. „Fällt Ihnen denn nichts Originelleres ein? Ich werde jetzt gleich eine

Strichliste mit Ihren pessimistischen Bemerkungen anlegen!"

Beauvais starrte sie gekränkt an. „Ich sage das nicht, um schlechte Laune zu verbreiten. Ich sage es auch deshalb, weil ich befürchte, daß Simoni Ärger bekommen wird."

Er trank einen Schluck Rotwein und stocherte mißmutig in den Resten seiner Lammkoteletts herum. „Außerdem mag ich es nicht, wenn das Ausland sich wie eine Art moralische Weltpolizei aufführt. Nehmen Sie zum Beispiel diese sogenannte Umweltorganisation Greenpeace..." Er sprach den Namen Greenpeace aus, als fasse er ihn mit spitzen Fingern an. „Woher nehmen diese Leute sich das Recht heraus, ihre Nase ständig in die Angelegenheiten anderer Länder zu stecken?"

Carla trank ebenfalls von dem hervorragenden Beaujolais und schloß kurz die Augen. Warm und säuerlich umspülte der Wein ihre Zunge. Sie hatte einfach keine Lust, sich mit Beauvais herumzustreiten. Sie langweilte sich.

Als sie die Augen wieder öffnete, sah sie Simoni heftig die gläsernen Schwingtüren aufstoßen. Sie seufzte erleichtert. Wenigstens mußte sie nun nicht mehr mit dem unerfreulichen Beauvais herumsitzen, den sie inzwischen im Verdacht hatte, ein Spitzel zu sein.

Simoni blickte sich kurz um und durchmaß dann mit langen Schritten das Restaurant. Sein offener Mantel wehte hinter ihm her, und er sah sehr zufrieden aus. Er setzte sich auf einen leeren Stuhl und goß das Glas voll Wein, das für ihn schon bereitstand. Dann prostete er den beiden zu und stürzte einen großen Schluck hinunter. Seine großen, dunklen Augen, die von unzähligen Falten eingerahmt waren, leuchteten beunruhigend. „Ich habe ihn!" sagte er dann triumphierend und hielt ein weißes Blatt Papier hoch.

Carla lachte laut, als sie das fröhliche Gesicht des Kommissars sah. „Ich gratuliere!" rief sie.

„Ich würde ihm eher Beileid wünschen", murmelte Beauvais.

„Was haben Sie denn nur?" fragte Simoni aufgeräumt. „Sie sind doch noch ein junger Mann, gerade Anfang Vierzig. Man muß doch etwas riskieren im Leben, sonst lohnt sich das alles nicht." Er prostete seinem Mitarbeiter zu.

Beauvais hob gequält sein Glas und vermied es dabei, Carla anzusehen.

„So ist es schon besser", sagte Simoni freundlich zu seinem Mitarbeiter. „Ich werde jetzt ein paar Spaghetti essen, und dann fahren wir zu Sécurité. Ich habe unseren Leuten schon Bescheid gesagt. In eineinhalb Stunden beginnen wir mit der Hausdurchsuchung, und ich will verdammt sein, wenn wir die Kundenlisten nicht bekommen!"

17 Carla hielt die große, weiche Ledertasche fest an ihren Körper gepreßt. Sie zeigte ihren Ausweis und ließ die üblichen Kontrollen über sich ergehen. Die Maschine aus Paris war vor zehn Minuten in Hamburg gelandet. Carla fühlte sich leicht benommen. Sie hatte am Abend zuvor entschieden zuviel Wein getrunken. Die Simonis waren schuld daran, denn sie hatten mit ihr den gelungenen Coup gegen Sécurité ausgiebig gefeiert. Madame Simoni war eine rundliche, dunkelhaarige Frau mit lebendigen, schwarzen Augen. Sie hatte auf ihren Mann und Carla gewartet und ein köstliches Essen bereitgestellt – neben einigen Flaschen italienischen Weins, der von einem toskanischen Landgut ihres Vetters zweiten Grades stammte. Madame Simoni war sehr befriedigt über die spektakuläre Aktion gegen die Firma Sécurité gewesen.

Carla erinnerte sich an ihr schönes Profil mit den straff nach hinten gekämmten Haaren, die in einem dicken Knoten zusammengefaßt waren. Sie sah die goldenen Ohrringe vor sich, die an eine Zigeunerin erinnerten, und hörte noch das Lachen, das all die braven Berufsjahre ihres Mannes hinwegfegte. Sie sah aber auch Simoni vor sich, der halb betrunken über dem Tisch lehnte und seine Frau anstarrte, während er sie fragte, was sie denn dazu sagen würde, wenn er vom Dienst suspendiert werden würde.

„Erstens wird dann Richter Debreil ebenfalls gefeuert", hatte sie gesagt, „und zweitens würde ich das als deine größte bisherige Leistung bezeichnen!"

Simoni hatte daraufhin nachdenklich vor sich hin geschaut und leise geantwortet: „Dann habe ich dich bisher wahrscheinlich sehr enttäuscht."

Madame Simoni hatte ihm über das Haar gestrichen und nichts geantwortet. Er war gleich darauf eingeschlafen, und sein Kopf war auf den Tisch gesunken.

Carla hatte die Nacht auf dem schmalen Sofa der Simonis verbracht. Sie dachte mit Grausen daran zurück, denn es war ihr seit Jahren nicht mehr passiert, daß sie Karussell gefahren war. Das Zimmer hatte sich um sie gedreht, immer schneller. Wenn sie die Augen schloß, versank sie in einem gefährlichen Strudel. Kaum öffnete sie die Augen, begannen die dunklen Mahagonimöbel der Simonis zu tanzen.

Carla hatte mühsam die Toilette erreicht und sich übergeben. Es war eine beschämende Erfahrung, und sie hatte sich gefühlt wie ein junges Mädchen, das zum ersten Mal zuviel getrunken hatte.

Nun gut, sie hatte es überstanden. Ihre Erinnerungen an die Hausdurchsuchung der Firma Sécurité waren viel weiter von ihr entfernt als das trunkene Ende des Tages. Sie wollte erst später darüber nachdenken. Wichtig war nur, daß sie die Kundenliste in ihrer Tasche trug.

Endlich hatte sie die letzte Kontrolle hinter sich. Suchend blickte sie sich um. Sie hatte Sternberg die Ankunftszeit ihrer

Maschine telegrafiert, aber er war nirgends zu sehen. Carla ging unschlüssig auf den Ausgang der Flughafenhalle zu. Ein Mann mit zwei großen Koffern rempelte sie an und entschuldigte sich, indem er sich mehrmals über seinen Koffern verbeugte. Carla schüttelte den Kopf – sie fühlte sich benommen. Plötzlich aber fühlte sie ein eigenartiges Kribbeln in der Wirbelsäule, eine Art Schauder. Alle ihre Sinne spannten sich an, denn sie wußte, daß sie sich auf dieses Kribbeln verlassen konnte. Zwei Männer kamen direkt auf sie zu und wollten sie in ihre Mitte nehmen. Carla atmete kurz ein und schlug zu, während sie die Luft ausstieß. Einen erwischte sie mit dem Knie, den anderen mit der Handkante.

Trotzdem ging Carla zu Boden.

Die Umstehenden schrien auf. Sie lag auf ihrer Tasche und versuchte ruhig zu atmen. Die Männer lagen neben ihr und trachteten danach, ihr die Tasche wegzunehmen. Carla rollte sich zusammen und stieß einen mit beiden Beinen weg. Der andere umklammerte sie plötzlich von hinten. Carla biß die Zähne zusammen und wand sich hin und her, um sich aus seinem Griff zu befreien. Ihr rechter Arm knackte leise.

„Er kugelt mir noch den Arm aus", dachte sie verzweifelt. Aber plötzlich ließ der Druck auf ihren Arm nach, und der Griff löste sich. Carla richtete sich auf und sah die Männer davonlaufen. Die Leute sahen ihnen wie erstarrt nach, doch keiner machte Anstalten, sie aufzuhalten. Carla saß auf dem schmutzigen Boden der Flughafenhalle und hielt die Tasche fest an sich gedrückt, als Sternberg sich besorgt über sie beugte.

„Was machst du denn da unten?" fragte er sie.

„Ich verteidige das Ergebnis meiner Dienstreise gegen Übergriffe von außen", sagte Carla trocken und reichte ihm eine Hand. Sternberg zog sie hoch. Er sah sich angestrengt um.

„Die sind längst über alle Berge, Herr Kommissar! Du hättest ein paar Minuten früher kommen sollen... Ist dir wieder die S-Bahn vor der Nase weggefahren?"

„Nein", antwortete Sternberg verlegen, „aber der Dienstwagen steckte im Stau."

Er musterte Carla besorgt. Sie hatte dunkle Ringe unter den Augen, sah aber ansonsten sehr vergnügt aus. Sie klopfte auf ihre Tasche. „Hier sind die Listen!" sagte sie. „Laß uns lieber schnell zum Wagen gehen, sonst versuchen die noch mal, mir diese kostbaren Papiere zu klauen."

Sternberg nahm ihren Arm und brachte sie zum Ausgang. Der graublaue Wagen der Kripo stand direkt vor dem Flughafenportal. Carla ließ sich aufatmend in den weichen Sitz fallen.

Sternberg setzte sich neben sie und betrachtete sie. Carla hielt die Augen geschlossen, während der Wagen langsam anfuhr. Ein junger Kripobeamter saß am Steuer. Sternberg sagte eine Weile lang nichts. Er sah, daß Carla erschöpft war, obwohl er ihren Gesichtsausdruck nicht recht deuten konnte. Sie sah müde aus und trotzdem sehr zufrieden.

Er war begierig zu erfahren, was sie erlebt hatte, fühlte sich aber regelrecht ausgeschlossen, denn Carla hatte offensichtlich eine Menge erlebt. Wann würde sie endlich anfangen zu erzählen? Er atmete tief ein und vergrub eine Hand in der Tasche seines Tweedjacketts. Da waren keine Zigaretten, denn er rauchte schließlich seit zwei Jahren nicht mehr. Seine Hand ballte sich zur Faust. Er spürte Eifersucht auf Carlas Zeit in Paris, von der sie offensichtlich so nachhaltig beeindruckt war.

„Also, nun sag doch endlich etwas", stieß er nach einigen Minuten hervor und kam sich gleichzeitig blödsinnig dabei vor.

Carla öffnete träge ein Auge und sah ihn kurz an. „Hattest du noch nie einen Kater?" fragte sie.

„Wieso hast du einen Kater, wenn du von einer Razzia in der Firma Sécurité kommst?" fragte Sternberg ärgerlich.

„Ich habe einen Kater, weil ich mit Kommissar Simoni den Sieg über seinen inneren Schweinehund gefeiert habe!" bemerkte Carla mit Nachdruck.

„Und warum?" fragte Sternberg und kam sich noch etwas dümmer dabei vor.

Carla öffnete nun beide Augen und setzte sich auf. „Philip, es war einer der aufregendsten Abende, die ich seit langem erlebt habe. Du kennst die Verhältnisse in Frankreich ein bißchen und weißt, wie schwierig es dort ist, gegen die Atomindustrie etwas zu unternehmen. Kommissar Simoni hat es geschafft, innerhalb von zwei Stunden einen Durchsuchungsbefehl gegen Sécurité zu bekommen und außerdem die Durchsuchung auch noch auszuführen, ehe irgend jemand etwas dagegen machen konnte. Er hat es gegen seine eigene Angst gemacht und gegen seinen eigenen Assistenten. Die Firmenleitung war völlig überrascht. Wir kamen mit ein paar Polizeieinsatzwagen und sind einfach hineinmarschiert. Direktor Hernu war sehr blaß, als er von einem Abendessen herbeieilte, und er stieß finstere Drohungen aus. Aber er konnte nicht verhindern, daß wir die Kundenliste beschlagnahmten. Das Ganze dauerte eine halbe Stunde, dann saßen wir bei den Simonis und feierten. Bis heute morgen hat uns niemand behelligt, und das war auch gut so, denn Simoni war betrunken und ich auch. Vielleicht hätte uns Madame Simoni mit der Dienstwaffe ihres Mannes verteidigt – vermutlich kann sie so etwas." Carla ließ sich wieder in den Sitz zurückfallen und kniff die Augen zusammen, als ein Polizeifahrzeug mit heulender Sirene an ihnen vorüberfuhr.

„Warum hat er das getan?" fragte Sternberg nach einer Pause.
„Wer?"
„Simoni! Warum macht er etwas, das er sich bisher offensichtlich nicht getraut hat? Schließlich ist er in einem Land Leiter des Umweltdezernats geworden, das mit Umweltschutz nicht viel am Hut hat."
„Ich weiß es nicht genau, Philip. Es war so, als denke er plötzlich über sein Leben nach. Vielleicht hatte es etwas mit dem Unwetter zu tun, vielleicht auch mit ganz persönlichen

Gründen. Ich weiß es nicht."

„Und was hast du dazu beigetragen?" fragte Sternberg. „Hast du den armen Kerl moralisch in die Enge getrieben?"

Carla runzelte die Stirn. Dann erwiderte sie: „Nein, Philip Sternberg! Das habe ich nicht. Es ist nicht meine Aufgabe, einen Kollegen moralisch in die Enge zu treiben, wenn es ihn in ernsthafte Schwierigkeiten bringt... Er hat es ganz freiwillig getan. Ich wundere mich auch darüber. Aber ich denke, er hat das alles satt, was er da macht."

Der Wagen hielt im Hof der Hamburger Polizeizentrale. Sie stiegen aus und fuhren mit dem Lift zu Brinkmanns Büro hinauf. Sternberg bat die Sekretärin um Kaffee, und dann beugten sie sich über die Listen, die Carla mitgebracht hatte, und verglichen sie mit den Unterlagen aus München.

Sternberg legte einen Finger auf das Papier und las aufmerksam einen Namen nach dem anderen. Er versuchte, sich Informationen ins Gedächtnis zu rufen, die er in den letzten Jahren aufgenommen hatte. Seine Augen blieben immer wieder an französischen Firmennamen hängen. Aber er zögerte. Es schien ihm alles zu schlüssig, zu direkt zu sein. Aber vielleicht war der Tote tatsächlich Algerier und von Mitarbeitern einer französischen Atomfabrik in die Tonne gesteckt worden...

Carla gähnte verstohlen.

„Du hast offensichtlich gewaltige Überstunden gemacht", spottete Sternberg. Er dachte daran, wie er gestern abend auf sie gewartet hatte. In der Pension hatte er eine Nachricht hinterlassen, in welchem Lokal er zu finden sei. Er hatte trotz seiner Unterhaltungen mit den Greenpeacern gewartet – Carla aber hatte nicht einmal angerufen. Oder doch?

„Hast du eigentlich gestern abend bei mir angerufen?" fragte er unauffällig. „Ich war nämlich nicht in der Pension."

„Ich habe es im Dezernat versucht, aber die Zentrale erklärte mir, sie könne dich nicht erreichen."

Sternberg fühlte sich erleichtert. Sie hatte also angerufen! Dann dachte er wieder an den Fall, jetzt, da seine Gedanken nicht mehr um seine Eifersucht kreisten.

„Gehen wir morgen eigentlich zu der Pressekonferenz von Greenpeace?" fragte Carla.

„Nein, es ist besser, wir treten dort nicht in Erscheinung. Ich bin zur Zeit sowieso nicht sicher, ob wir auf dem richtigen Weg sind. Dieser Fall ist verdammt kompliziert. Es wäre einfacher, bei der Kripo zu arbeiten. Aber bei uns weiten sich die großen Fälle immer zu internationalen Ratespielen aus. Was haben wir? Ein Faß, ein paar Klamotten und eine Leiche, die niemand vermißt. Das ist die absolute kriminalistische Katastrophe." Er versenkte beide Hände in die Taschen seiner Jacke. Sein Rücken schmerzte, und deshalb zog er die Schultern hoch.

Carla sah ihn an, und ein Kichern stieg in ihre Kehle. Sie kannte Sternberg inzwischen so gut, daß sie seine Körperhaltung fast voraussagen hätte können. „Mir ist noch eine Idee gekommen", sagte sie, das Kichern unterdrückend. „Wir sollten nachprüfen lassen, ob bei einer der Atomfabriken, die wir auf der Liste haben, ein Arbeiter vermißt wird oder, was noch wahrscheinlicher ist, die Familie eines Gastarbeiters mit einer Abfindung in die Heimat zurückgeschickt wurde."

Sternberg nahm die Hände aus den Taschen und reckte vorsichtig erst die linke, dann die rechte Schulter. „Eine schöne Aufgabe für Brinkmann und seine Männer!" Er lächelte müde, und sein Schnurrbart zitterte leicht. Er führte eine Hand zum Mund und blies lautlos in eine nicht existierende Trompete. Dann ging er entschlossen ins Nebenzimmer, wo Brinkmann an seinem Schreibtisch saß.

Carla beobachtete die beiden durch die offene Tür. Sie konnte nur wenig von dem Gespräch verstehen, weil die Bagger vor dem Gebäude wieder in voller Aktion waren. Aber sie konnte erkennen, daß Brinkmann nicht begeistert war. Er gestikulierte mit beiden Händen, fuhr sich durchs Haar, schob aufgeregt seine Brille hin und her.

Sternberg war nur von hinten zu sehen. Er zuckte gerade offenbar bedauernd die Schultern und breitete verzweifelt die Arme aus. Dann drehte er sich um und kam zurück. „Wird erledigt", stellte er sachlich fest und kniff beide Augen zu.

Das Telefon summte, und Sternberg nahm den Hörer ab, ehe Carla ihn erreichen konnte.

„Aha", sagte er und mehrmals „hm", schließlich „bis gleich, wir kommen vorbei."

„Die Pressekonferenz bei Greenpeace hat stattgefunden – es waren viele Journalisten da. Die Verbreitung der Nachricht wird also breitflächig sein. Außerdem haben die Greenpeacer noch etwas für uns, aber das wollten sie am Telefon nicht sagen. Also los, wo ist deine Jacke?" Sternberg blickte sich suchend um, entdeckte dann Carlas Lederjacke auf einem Stuhl und warf sie ihr quer durch das Zimmer zu. Carla fing sie im letzten Moment auf.

„Reaktion nach versumpfter Nacht einigermaßen zufriedenstellend", bemerkte Sternberg, und Carla zog eine Grimasse.

18 Als Carla und Sternberg das *Haus der Seefahrt* betraten, begegneten ihnen ein paar Journalisten, in kleinen Gruppen diskutierend und offensichtlich interessiert an den Neuigkeiten, die sie soeben erfahren hatten.

Die Greenpeacer waren alle im Büro und in dem kleinen Konferenzzimmer versammelt. Carla lächelte unwillkürlich, als sie diesen Raum mit der Ausstattung von Sécurité verglich: Linoleumboden, ein großer, zerkratzter Holztisch, billige Stühle, ein paar Poster an den Wänden. Überall lagen Stapel von Broschüren oder halb ausgepackte Kartons herum – trotzdem war Greenpeace auf seine Weise mindestens so erfolgreich wie die Firma in Paris.

Die Journalisten waren inzwischen alle gegangen.

Steven kam ihnen entgegen, und er wirkte sehr zufrieden. Die Gläser seiner runden Brille blinkten. „Es ist hervorragend gelaufen und wird sicher viel öffentliches Aufsehen erregen. Aber da ist noch etwas." Er sah sich prüfend um, ob wirklich keiner der Journalisten zurückgeblieben war. Dann nickte er und fuhr fort: „Anne hat vorhin einen anonymen Anruf bekommen. Da haben irgendwelche Leute beobachtet, wie in Ostende ein Schiff nachts mit schwarzen Tonnen beladen wurde. Vielleicht ist es eine Spur. Wir haben in Belgien eine Menge aktiver Leute, die werden das sofort nachprüfen – dazu brauchen wir keine Polizisten."

„Aha", erwiderte Sternberg und strich über seinen Schnurrbart.

„Oder sind Sie anderer Meinung?" fragte Steven und nahm seine Brille ab.

„Nein, nein, es ist schon in Ordnung."

„Gut, dann laßt uns alles besprechen, was für die Aktion der *Strandflieder* noch nötig ist." Steven ging voran.

Sie zogen sich mit viel Kaffee und Mineralwasser in ein Zimmer im fünften Stock zurück. Sternberg fühlte eine merkwürdige Erregung – er erinnerte sich an die tagelangen Diskussionen vor jeder Greenpeace-Aktion, die er vor Jahren mitgemacht hatte. Jede mögliche Panne, jeder einzelne Handgriff war genau durchgesprochen und ausprobiert worden.

Piet war da und Anne, die Maschinistin Petra, der Ingenieur und Steven. Sie diskutierten, wo die *Strandflieder* ihren Liegeplatz nehmen sollte – in Norddeich oder auf der Insel Juist.

„Juist ist überschaubarer. Außerdem brauchen wir nicht viel: gerade Lebensmittel und genügend Dieselkraftstoff. Juist ist eine Touristeninsel – es wird deutlich werden, daß diese

Tonnen den Urlaub an der Nordsee gefährden. In Norddeich kommen zwar mehr Leute an, weil dort auch die Fähren nach Norderney und Baltrum ablegen und ankommen. Aber es ist vielleicht auch zuviel Trubel. Eventuelle Angreifer haben mehr Möglichkeiten zu verschwinden", meinte Steven.

„Aber in Norddeich sehen mehr Leute die *Strandflieder* und erfahren direkt etwas von unserer Suche nach den Tonnen", setzte Anne dagegen.

„Das erfahren sie schon aus der Zeitung und dem Fernsehen, und das reicht in diesem Fall", entgegnete Steven.

So debattierten sie Stunde um Stunde. Schließlich einigten sie sich auf den Standort Juist, weil sie die Tonne vor Juist gefunden hatten und die Bevölkerung ihnen damals sehr freundlich gesonnen war.

Die *Strandflieder* sollte von Juist aus das Watt nach weiteren Fässern absuchen und Exkursionen in die offene See machen, wenn das Wetter es zuließ. Geigerzähler waren an Bord.

„Die *Strandflieder* ist ein gut ausgerüstetes Schiff, und wenn wir etwas finden können – falls da noch mehr ist –, dann sicher mit diesem Schiff", stellte Piet selbstbewußt fest und nickte bekräftigend zu seinen Worten.

Sternberg und Carla sollten zunächst auf Juist bleiben und die Insel überprüfen und messen.

Es war später Nachmittag, als sie endlich alles besprochen hatten. Carla fühlte sich schwindelig nach all den Diskussionen, sie hatte das dringende Bedürfnis, endlich zu schlafen.

„Habt ihr damals auch soviel geredet?" fragte sie Sternberg, als sie endlich die Treppen hinuntergingen.

„Immer und tagelang", erwiderte er. „Aber es klappte hinterher auch alles wie am Schnürchen."

Carla schüttelte den Kopf, um ihre Müdigkeit unter Kontrolle zu bringen. „Also gut, dann kaufen wir uns jetzt Seemannspullover und Gummistiefel. Schließlich habe ich keine Lust zu frieren. Außerdem bin ich nicht sicher, ob ich auch seefest bin.

Wahrscheinlich wird es mir an Bord dauernd schlecht bei diesem Wetter."

„Mach dir nichts daraus. Ich wurde bei den ersten Aktionen auch immer seekrank. Dafür haben alle Verständnis."

19 Am Nachmittag des folgenden Tages setzten Carla und Sternberg mit dem Fährschiff *Frisia 2* auf die Insel Juist über. Die Nordsee schien zu kochen; dabei waren die Wellen nicht sonderlich hoch. Kleine, wirbelnde, schäumende Strudel überzogen die Wasseroberfläche. Gegenläufige Winde verursachten dieses Phänomen, so erklärte es jedenfalls der Kapitän über den Bordlautsprecher, und er fügte noch einige Witzchen für die wenigen Urlauber hinzu, die sich auf den Weg gemacht hatten. Das Fährschiff näherte sich dem langen, flachen Stückchen Land, das kaum aus dem Wasser lugte, in merkwürdigem Zickzackkurs. Erst nahm das Schiff Kurs auf Norderney, die Nachbarinsel, dann näherte es sich einer Art Sandbank, die Juist vorgelagert war und in deren Mitte sich eine riesige Düne erhob. Schließlich nahm die Fähre eine scharfe Kurve und steuerte wieder auf das Festland zu, dessen Baumreihen wie seltsame Erscheinungen über der Wasserfläche schwebten, und endlich bewegte es sich, den Markierungspfählen folgend, in Schlangenlinien an der Insel entlang. Die sanften, grünen Dünenhügel von Juist sahen aus wie etwas höhere Wellen in der Weite der Meereslandschaft. Winzige Häuser drängten sich in der Inselmitte zusammen, nach Süden auslaufend wie Perlen an einer Kette.

Carla beobachtete das Spiel der Wolkenschatten auf dem Wasser und über der Insel. Der Himmel erschien ihr zu hoch, so als bestehe die Welt nur noch aus Himmel und einer Spur von Erde. „Ich fühle mich irgendwie kleiner", sagte sie zu Sternberg, der neben ihr an der Reling lehnte.

Er lächelte ihr zu. „Das ist eine Gegend der Welt, wo man ein Vogel sein muß, um sie ausfüllen zu können. Das Gleichgewicht ist gestört. Als erdgebundener Mensch fühlt man sich wirklich ganz unten."

Sie schauten wieder über die bräunlichen Wasserstrudel zur Insel hinüber. Die Hafenmauer tauchte auf. Sie war weit ins Wattenmeer hineingebaut worden. Viele kleine Segelschiffe lagen in dieser künstlichen Bucht vor Anker. Es war Ende September, aber noch immer wagten sich die Segler aufs Meer, denn es gab auch in dieser Jahreszeit noch ruhige, warme Tage an der Nordsee. Laut tutend näherte sich das Fährschiff dem Anleger. Die Schiffsschraube wirbelte noch einmal gewaltig das Wasser auf, als das Schiff schwerfällig drehte und dann an der Hafenmauer festmachte. Neben dem Hafengebäude warteten ein paar Menschen und wenige Pferdewagen.

Sternberg und Carla verließen das Schiff über das Fallreep und gingen mit ihren Koffern auf das Dorf zu. Der Weg führte sanft bergauf bis zum Deich und dann wieder leicht bergab zum Dorfplatz, in dessen Zentrum der Pavillon für die Kurkapelle stand. Ein paar zerzauste Rosenstöcke faßten den Rasenplatz ein, und einige Kinder waren um einen Brunnen versammelt, auf dem kleine Segelschiffe schwammen.

Die Häuser wirkten sehr klein und waren aus roten Klinkersteinen gebaut. Alles machte einen sehr ordentlichen Eindruck.

„Und wo sind die Gartenzwerge?" fragte Carla.

„Es gibt sie. Nur Geduld", erwiderte Sternberg. „Es gibt auch kleine Windmühlen und Muschelmosaike – aber sonst ist die Insel wirklich schön. Hier leben die Menschen eben fast ausschließlich vom Tourismus, und der prägt alles. Ich war als Kind ein paarmal mit meinen Eltern hier, und ich bin neugierig, was sich alles verändert hat in den letzten Jahren."

Mit klappernden Hufen trabte ein Doppelgespann an ihnen vorbei, einen Wagen mit Koffern hinter sich herziehend. Es waren zwei prächtige dunkelbraune Pferde, deren buschige Mähnen und Schweife im Wind wehten.

„Gibt es keine Autos hier?" fragte Carla.

„Nein, nur der Arzt und die Feuerwehr haben Autos. Selbst der Dorfpolizist fährt mit dem Fahrrad. Aber es gibt jede Menge Kutschen und natürlich Pferde."

„Hoffentlich können wir lange hierbleiben", meinte Carla.

Sie mieteten sich in einem breiten, behäbigen Hotel ein, das gegenüber der Post lag und auf großen Schildern Reklame für echtes irisches Bier machte. Dann brachten sie ihre Koffer in die kleinen und etwas stickigen Zimmer, in denen das Muster der Tapeten mit dem des Teppichbodens und der Vorhänge wetteiferte. Kurz darauf trafen sie sich an der Theke des Gastraums wieder und bestellten irisches Bier.

„Sehr ordentlich", murmelte Sternberg und wischte sorgfältig den Schaum aus seinem Schnurrbart.

„Eigentlich wäre es jetzt ganz schön, ein paar Tage Urlaub zu machen", meinte Carla.

„Strandwanderungen werden wir bestimmt machen können. Schließlich müssen wir den Strand sogar dienstlich überprüfen. Außerdem würde ich dir gern die Insel zeigen..."

In diesem Moment stellte sich ein kleiner, alter Mann neben sie an die Theke und stützte sich mit beiden Ellenbogen auf. Er trug eine Prinz-Heinrich-Mütze, unter der sein gelblichweißes Haar ein wenig borstig hervorlugte. Sein Gesicht war bleich und faltig, seine Augen wirkten beinahe farblos; der Mann sah so aus, als sei er in ein Becken mit Bleichmittel gefallen. Er hatte eine große, spitze Nase, die zu markant für die zierliche Gestalt war.

„Mojn", sagte er und bestellte ein Pils und einen Korn.

„Aha", flüsterte Sternberg. „Daher die gelbliche Gesichtsfarbe."

„Na, noch 'n büschen Luft schnappen auf unserer Insel?" sagte der Alte und prostete Carla mit dem Schnaps zu, den die Kellnerin blitzschnell vor ihn hingestellt hatte.

„Ja, ja." Carla nickte und hob ihr Bierglas. „Noch ein bißchen Luft schnappen, bevor der Winter beginnt."

„Hoffentlich haben Sie Glück mit dem Wetter. Aber es soll ja besser werden, hat das Radio gesagt!"

„Es war ja auch lange genug schlecht", mischte sich die rundliche Bedienung ein, deren Gesicht rosig schimmerte.

„Jou!" sagte der Alte lebhaft. „Was es da wieder alles unten am Strand angeschwemmt hat, das ist unglaublich. Mein Bruder war heute morgen mal unten, und er hat gesagt, daß es schlimm aussieht."

„Jou, wir kriegen dann den ganzen Schiet, den die anderen ins Meer kippen!" Die Bedienung nickte bestätigend und polierte nebenbei mit einem Lappen die Messingteile der Theke.

„Is' schlimm", bekräftigte der Alte nochmals und trank seinen Schnaps aus. „Aber manchmal is' auch was Brauchbares dabei!" Er kicherte und schob schwungvoll seine Mütze in den Nacken. Dann lehnte er sich zu Sternberg und Carla hinüber. „Sie müssen wissen", sagte er in vertraulichem Tonfall, „früher haben die Leute hier von dem gelebt, was so angeschwemmt wurde. Und wenn ein Schiff strandete, dann war nach ein paar Tagen nicht mehr viel davon übrig. Strandräuberei wurde das genannt, aber für meinen Urgroßvater und für meinen Großvater war es ein Geschenk des Meeres. Das Meer nahm viel, aber es gab auch etwas. So eine Art natürlicher Ausgleich, nicht." Er lachte meckernd und griff schnell nach dem Pils, das endlich vor ihn hingestellt worden war.

„Ja, ja – aber in Ordnung war das nicht!" sagte die Bedienung streng. „Weißt du, Jens, ihr Alten habt da schon eine komische Auffassung! Das gehört doch jemand anderem, so ein Schiff. Das kann man doch nicht einfach wegnehmen!"

„Ihr Jungen...", rief Jens, keineswegs beleidigt. Er zwinkerte

Carla und Sternberg zu. „Ihr habt das ja nu auch nicht mehr nötig mit der Strandräuberei. Ihr habt ja nu die Touristen, die ihr ausräubern könnt."

Er nahm schnell sein Bier und verzog sich in eine Ecke des Gastraums, als fürchte er, verjagt zu werden. Das rosige Mädchen war rot angelaufen und sagte zu ihren Gästen: „Sie dürfen nicht auf ihn hören. Jens erzählt immer nur Unsinn, das kommt vom vielen Korn. Er fängt ja auch schon morgens damit an."

„Aber das macht doch nichts", erwiderte Sternberg ernst.

„Ich finde es sehr interessant, was Jens erzählt." Carla lachte und hob ihr Bierglas.

„Wir sollten gleich zum Strand gehen", sagte Sternberg plötzlich zu Carla. „Vielleicht hat der Sturm etwas für uns angeschwemmt. Und wir müssen auch den Dorfpolizisten einschalten. Er freut sich wahrscheinlich darüber, eine interessantere Aufgabe zu bekommen, als herauszufinden, wer wohl wieder die Toiletten auf der Promenade demoliert hat. Wir können ihm ja beibringen, wie man mit einem Geigerzähler umgeht."

„Meinst du wirklich, daß er den Mund halten kann? Auf so einer kleinen Insel reden die Leute sicher viel... Wir sollten vielleicht noch etwas damit warten, oder? Wie lang ist denn der Strand?"

Sternberg lächelte spöttisch. „Die Insel ist fünfzehn Kilometer lang – wir müssen also mindestens vierzig bis fünfzig Kilometer Strand absuchen, und dazu kommt noch der Billsand. Das ist eine Sandbank im Süden, die ein paar Kilometer lang und breit ist."

Carla stieß ihn in die Seite. „Dann laß uns doch gleich anfangen! Was stehen wir hier herum und trinken Bier?"

Zehn Minuten später machten sich Carla und Sternberg auf den Weg zum Strand. Sie trugen Gummistiefel, dicke Pullover und Windjacken. Und sie hatten zwei Geigerzähler in den

Taschen. Die Straße zum Strand war mit dicken Steinen gepflastert, links und rechts zogen sich Geschäfte und Restaurants den Dünenhügel hinauf. In den Auslagen der Andenkenläden wurde Bernstein angeboten, der am Strand gefunden worden war. Hinter der Dünenkrone erreichten Carla und Sternberg das alte Luxushotel – riesig und altmodisch –, dessen weißer Wandputz schon abblätterte. Es rief in Carla Bilder wach, auf denen Menschen in geringelten Badeanzügen herumliefen, Männer große, nach oben gezwirbelte Schnurrbärte trugen und Frauen mit spitzenbesetzten Sonnenschirmen und großen Hüten auf der Strandpromenade lustwandelten. Wie ein Wahrzeichen der Insel ruhte das weiße Hotel auf den Dünen, weithin sichtbar von der See her, ein Baudenkmal der Jahrhundertwende.

Vor dem Hotel fielen die Dünen steil zum Meer ab. Ein Stück Sand trennte es von der See, die endlos und schaumgekrönt den Horizont bis zu den tiefhängenden Wolken füllte. Die Luft war voll winziger Tröpfchen, die Carlas und Sternbergs Gesichter benetzten. Kein Strandkorb war mehr zu sehen. Die Sturmflut der letzten Tage hatte alle Überreste sommerlichen Strandlebens hinweggefegt. Zwei, drei Wanderer liefen am Brandungsdamm entlang, sonst war alles leer.

Carla blieb am Beginn des Bohlenweges stehen, der zum Strand hinunterführte. Sie atmete tief ein und schaute vorsichtig auf das bedrohlich riesige Meer hinaus. Niemals war ihr das Mittelmeer so gewaltig erschienen wie diese Nordsee... Sie warf einen Blick zurück auf das Hotel. Plötzlich erschien es ihr wie ein zerbrechliches menschliches Zeichen, das irgendwann eine riesige Welle verschlingen würde, wie die Sandburgen der Urlauber.

„Komm", sagte Sternberg, faßte ihren Arm und lief mit ihr über den schmalen Holzsteg zum Strand hinunter.

„Links oder rechts?" fragte Carla keuchend, als sie am Fuß der Dünen angekommen waren.

„Links herum!" rief Sternberg gegen den Wind, der auf dieser Seite der Insel stärker blies.

Am „offiziellen" Strand hatten die Strandwächter den Müll abtransportiert, um den Kurgästen die Illusion eines sauberen Meeres zu bieten. Ein paar hundert Meter weiter südlich begann der natürliche Strand.

Sternberg fühlte eine Art Jagdfieber in sich aufsteigen. Als Kind war er hier herumgelaufen und hatte seltene Muscheln, die Eier der Wellhornschnecke und des Katzenhais gesucht. Seine Augen begannen jede Einzelheit des Strandguts wahrzunehmen – Taue, Nylonnetze, in denen sich Krebse verfangen hatten, muschelbesetzte Balken und Holzteile, in die Bohrmuscheln ihre geheimnisvollen Muster gegraben hatten. Er sah Glühbirnen, halbe Stühle, Obstkisten, Dosen und Flaschen, dazwischen die Gehäuse der Meerschnecken und Schwertmuscheln.

Auch Carla wurde von einem Sammeleifer erfaßt, der sie an allen Meeresstränden befiel. Ihre Wohnung in München war ein Museum seltsamer Fundstücke.

Sie liefen kreuz und quer, bückten sich nach Muscheln und betrachteten voll Trauer die Kadaver ölverschmierter Seevögel, die hier und dort herumlagen.

Nach einer Weile nahm Carla ihren Geigerzähler aus der Jackentasche und führte ihn an den angeschwemmten Gegenständen entlang. Er zeigte die leicht erhöhten Werte, die seit der Reaktorkatastrophe von Tschernobyl normal waren. Eher waren die Werte etwas niedriger – zwischen 200 und 250 Becquerel.

Nach einer Stunde intensiver und fast begeisterter Suche am Strand setzten sich die beiden auf eine große Kiste und sahen dem Einsetzen der Ebbe zu. Das Wasser kroch mit großer Geschwindigkeit davon, hinterließ reißende Bäche, die versuchten, es einzuholen. Wütend wollte die Brandung wieder Fuß fassen, aber sie sackte kläglich in sich zusammen, als hätte ihr jemand den Boden unter den Füßen weggezogen.

„Das ist doch alles lächerlich", sagte Carla, nachdem sie eine Weile fasziniert dem Verschwinden des Meeres zugesehen hatte.

„Was?" fragte Sternberg verblüfft.

„Was wir hier machen!" antwortete sie und leckte sich über die Lippen. Es schmeckte nach Salz.

„Natürlich", sagte Sternberg sanft. „Aber es macht Spaß! Sieh mal, morgen, wenn alle Zeitungen berichten, daß Greenpeace hier eine Tonne gefunden hat, können wir die Suche mit Hilfe der Wasserschutzpolizei an der ganzen Inselkette aufnehmen. Außerdem werden wir auch die Holländer informieren und ordentlich Wirbel machen. Ich habe während deiner Abwesenheit schon alles vorbereitet. Schade, daß du nicht auf meinen Einsamer-Kämpfer-Bluff hereingefallen bist."

Carla hob einen Klumpen Meersalat auf, in dem sich einige riesige Miesmuscheln festgesetzt hatten, und zielte auf Sternberg.

„Nicht!" rief er und duckte sich. „Oder miß das Zeug erst, bevor du nach mir wirfst..."

Carla lachte und holte das Gerät aus ihrer Tasche. Sie begann den Klumpen zu untersuchen.

Sternberg beobachtete sie. „Was ist denn?" fragte er, nachdem sie immer weiter maß.

Sie ließ den Meersalat fallen und sah Sternberg mit erschrockenem Blick an. Er stellte sich neben sie und blickte auf die Anzeigeskala ihres Geräts.

Es zeigte 55 000 Becquerel!

„Vielleicht ist es defekt", sagte er und holte seinen Geigerzähler heraus.

Der zeigte ebenfalls 55 000 Bequerel.

„Da haben wir's", sagte Carla nach einer Weile. „Da draußen ist also noch mehr von dem Zeug. Und es ist nicht dicht!"

20 Die *Strandflieder* lief noch am gleichen Abend im Hafen von Juist ein. Carla und Sternberg standen am Kai und beobachteten, wie das Schiff festmachte. Piet war der erste, der zu ihnen herüberkam. Er schüttelte Carla kräftig die Hand und lächelte sein Chinesenlächeln. Carla betrachtete ihre Hand. Sie hatte sie zehnmal kräftig geschrubbt und gewaschen, aber sie wurde das Gefühl nicht los, ihre eigene Hand stelle eine Art Bedrohung dar. Radioaktivität gehörte für Carla zu den unheimlichsten Erscheinungen, die es auf dieser Welt gab. Sie hatte viel darüber gelesen, kannte alle Vorsichtsmaßnahmen, konnte mit Geigerzählern umgehen. Trotzdem – sie sah abwesend in Piets lächelndes Gesicht –, sie blieb eine unheimliche Bedrohung. Vermutlich lag es daran, daß trotz einer Verseuchung alles so normal blieb – die Sonne, die Luft, der Regen, auch der Klumpen Meersalat mit den schwarzen, glänzenden Muscheln... Alles verwandelte sich, die Natur wurde zum Feind: jede Brombeere, jede Blume, jedes Glas Milch, jede Wiese, in die man sich legen wollte.

Carla schauderte und dachte an die Atomunfälle in den letzten fünf Jahren. 1986 hatte Tschernobyl den Anfang gemacht, dann gab es einen kleineren Unfall in Cattenom, bei dem 50 000 Menschen evakuiert werden mußten, danach, 1988, die Katastrophe in Brasilien; 200 Menschen waren dabei ums Leben gekommen – die Folgen konnte man selbst nach zwei Jahren noch nicht absehen.

„Was ist denn?" Piets Lächeln war verschwunden, und sein Gesicht hatte einen besorgten Ausdruck angenommen.

„Nichts Besonderes – ich hatte nur gerade einen Anfall von

innerer Panik."

„Und warum?"

„Wir haben heute nachmittag ein Stück Tang gefunden, das erheblich erhöhte Werte aufwies. Und das heißt, daß die Tonne wirklich eine Bedeutung hat."

Piet schüttelte den Kopf und scharrte mit dem Turnschuh auf dem Boden. „Dann sind die versenkten Tonnen tatsächlich nicht dicht, oder irgendwelche Behälter, die früher einmal versenkt wurden, sind inzwischen durchgerostet..." Sein Gesicht zeigte für kurze Zeit einen hilflosen Ausdruck, dann lächelte er Carla wieder an. „Ich kann verstehen, daß Sie das aufregt", sagte er.

Inzwischen waren auch die anderen Besatzungsmitglieder der *Strandflieder* an Land geklettert.

„Zwei bleiben als Wache an Bord, und der Rest hat für zwei Stunden Landurlaub", sagte Piet ruhig.

Der Ingenieur und ein junges Mädchen, das Carla und Sternberg bisher noch nicht gesehen hatten, blieben an Bord zurück.

„Wer ist das?" fragte Sternberg die Maschinistin Petra.

„Wer?"

„Das Mächen an Bord. Sie kommt mir ziemlich jung vor. Ist sie auch eine Greenpeacerin?"

Petra blickte kurz zum Schiff zurück, während sie neben Sternberg zum Dorf ging.

„Das ist nicht so einfach zu erklären", sagte sie ein wenig undeutlich und verzog unwillig das Gesicht.

Sternberg sah, daß ein dunkler Streifen Schmieröl ihre Wange zierte. „Darf ich mal?" fragte er und zückte sein Taschentuch. Petra hielt still, und er rubbelte.

„Wissen Sie, das Zeug krieg' ich nie ganz ab", sagte sie ein bißchen verlegen. „Aber das gehört auch zu meinem Job."

„Also, wer ist das Mädchen? Gehört sie zur Crew?"

„Ja, sie gehört zur Crew. Sie ist sozusagen der Schiffsjunge und wird gerade angelernt."

„Ist sie schon lange bei euch?"

„Na ja, ein paar Wochen. Sie ist gerade achtzehn geworden und will eben alles von Grund auf lernen."

„Und da nehmt ihr sie auf so eine relativ gefährliche Unternehmung mit?"

„Die ist auch nicht gefährlicher als andere Aktionen. Britta ist engagiert und zuverlässig. Außerdem hat sie eine Menge Mut. Warum fragen Sie so...? Es kommt mir wie ein Verhör vor."

„Wir hatten die Aktion in Hamburg genau durchgesprochen und auch die Leute, die dabei mitmachen – von Britta war nicht die Rede", erwiderte Sternberg.

„Aber sie ist zuverlässig. Wenn sie nicht in Ordnung wäre, hätte der Greenpeace-Vorstand sie nie mitfahren lassen." Petras Stimme klang gereizt, und Sternberg fragte nicht mehr weiter.

Gemeinsam folgten sie den anderen zum Bahnhofsrestaurant, das gleich hinter dem Deich lag und seinen Namen von der kleinen Inselbahn hatte, die einst den Hafen mit dem Dorf verbunden hatte. Obwohl es keinen Bahnhof mehr gab, seit Juist einen neuen Hafen hatte, glich die Gaststätte noch immer allen Bahnhofsrestaurants der Welt. Sie war unpersönlich, ein wenig ungemütlich, und es gab billiges Essen.

„Ich lade euch ein", sagte Sternberg laut und überschlug im Geiste die Barschaft in seiner Brieftasche.

„Wir wollen nichts essen, nur etwas trinken. Britta hat vorhin gekocht, Reis und Gemüse und Spiegeleier mit chinesischer Sauce. Es hat prima geschmeckt", sagte Piet.

Sternberg zuckte die Achseln, und sie setzten sich an einen der großen Tische. Es waren nur wenige Gäste etwas verloren über den Raum verteilt.

„Wir schließen um acht!" rief der Wirt von der Theke her.

„Das reicht wohl noch für ein Bier", antwortete Piet entschlossen.

Der Wirt tauchte hinter einer Wolke von Zigarettenqualm auf. Sein Gesicht war leicht aufgedunsen und gerötet. Er sah aus, als trinke er selbst gern von seinem reichhaltigen Schnapsangebot. Sie bestellten, und als der Mann wieder hinter dem Tresen verschwunden war, eröffnete Sternberg den Greenpeacern seinen Plan, die gesamten Inselküsten absuchen zu lassen und auch auf dem offenen Meer nachzuforschen.

„Weiß das die Zentrale?" fragte Piet und kratzte seinen roten Bart.

Sternberg grinste. „Natürlich! Keine Bange, ich kenne euch doch – ohne Zentrale geht gar nichts. Ich habe vor eurer Ankunft mit Hamburg telefoniert. Alle sind einverstanden. Wir müssen einfach Klarheit darüber gewinnen, ob die Fässer tatsächlich leck sind und ob noch irgendwo erhöhte Werte auftreten. Es besteht die Gefahr einer Verseuchung der Küsten und Gefahr auch für den Fischfang und die Krabbenkutter."

„Alles klar", meinte Piet. „Allerdings wird dann unsere Lockvogelmasche nicht mehr viel bringen. Schließlich erfahren die Verursacher mit Sicherheit, daß hier die ganze Küstenwache mit Geigerzählern unterwegs ist."

„Die werden nicht ewig unterwegs sein – das ist viel zu teuer", warf Carla ein. „Dann werdet ihr schnell wieder die einzigen sein, die beharrlich weitersuchen."

„Klingt ziemlich unwahrscheinlich, aber wir sind ja Spezialisten für unwahrscheinliche Aktionen", sagte Piet.

„Morgen früh beginnt an den Küsten der Ostfriesischen Inseln die Suche nach radioaktiven Teilen, Tonnen, angespültem Müll. Wir haben Juist übernommen – gemeinsam mit dem Dorfpolizisten, der auch noch hier erscheinen wird." Sternberg sah Carla an.

„Denn man lous", sagte Piet und lächelte wieder. „Ich mache mit – ich wandere sowieso gern."

Kurz darauf – sie saßen gerade eine Minute schweigend da, wie eben Menschen, die sich nicht so gut kennen – wurde die

Tür aufgestoßen, und ein Mann kam eilig herein. Polizeimeister Petersen war sofort zu erkennen, denn er trug seine Uniform und nahm beim Eintreten die Mütze ab, als fürchte er, am Türrahmen anzustoßen. Er war ein großer Mann, und so wurde auch das leichte Einziehen seines Kopfes verständlich. Sein Gesicht war breit und rosig wie die Gesichter fast aller Inselbewohner. Er hatte dunkles, glatt zurückgekämmtes Haar, und sein Körperumfang war eindrucksvoll.

Philip Sternberg erhob sich und ging Petersen entgegen. „Guten Abend, Herr Petersen. Darf ich Ihnen die Besatzung der *Strandflieder* vorstellen...? Das Schiff liegt seit einer halben Stunde im Hafen."

„Mojn", sagte Petersen. „Ich habe das Schiff schon gesehen. Ein schönes Schiff, und von Greenpeace habe ich in den letzten Jahren eine Menge mitgekriegt. Schließlich wart ihr immerzu auf der Nordsee und im Watt zugange." Er drehte die Dienstmütze in seiner Hand. „Ihr habt doch erst kürzlich hier angelegt, wie ihr eure Wattuntersuchungen gemacht habt?"

„Ja, das waren wir", antwortete Petra.

Der Dorfpolizist nickte und legte seine Mütze auf den Tisch, nachdem er einen Wasserfleck fortgewischt hatte. „Kommissar Sternberg hat mir heute nachmittag schon alles erzählt", sagte er nachdenklich. „Eine schlimme Sache. Wenn das nun wieder anfängt mit der Radioaktivität, jetzt, wo es endlich ein bißchen besser ist und wir unsere Brombeeren und Sanddornbeeren wieder essen können...", Petersen schüttelte bedrückt den Kopf, „... also, dann weiß ich auch nicht mehr, wo es langgehen soll auf dieser Welt."

21 Am nächsten Morgen begann die Suchaktion vor den Ostfriesischen Inseln. Alle verfügbaren Küstenwachboote, Seenotrettungskreuzer und Hubschrauber wurden eingesetzt und suchten die Küstengewässer und Strände nach weiteren Tonnen ab. Die Aktion wurde über Radio Norddeich, das normalerweise für Seerettung zuständig ist, vom Leiter der Wasserschutzpolizei Ostfriesland geleitet. Dutzende von schnellen, kräftigen Schiffen durchpflügten die Nordsee. Das Wetter war besser geworden, der Wind hatte auf Nordnordost gedreht und wehte nur noch mit Stärke vier bis fünf. Auf allen Inseln suchten Polizisten und Feuerwehrleute, unterstützt von freiwilligen Helfern, die Strände ab. Alle verfügbaren Geigerzähler der ostfriesischen Polizei und der Feuerwehren waren im Einsatz.

Sternberg und Carla blieben auf Juist und schlossen sich dort einer Strandexpedition an. Auch Britta, das Mädchen von der *Strandflieder,* und Piet, der Skipper, waren dabei. Sie bildeten zusammen mit Juister Feuerwehrmännern eine Gruppe von zwanzig Menschen, die den südlichen Teil der Insel absuchen sollten. In einer lockeren Kette verteilten sie sich vom Dünenrand bis zum Wasser. Es herrschte Ebbe, und an manchen Stellen waren große Seen zurückgeblieben, deren Wasser so klar war, daß man jede Einzelheit auf dem Grund erkennen konnte. Die Sonne schien, und es war einer jener durchsichtigen Herbsttage an der Nordsee, an denen man meint, bis ans Ende der Welt sehen zu können. Auf den Dünen leuchteten orangerot die Beeren der Sanddornbüsche zwischen dem Silbergrün des Strandhafers. Der Wind bog die langen, harten

Halme, und wellenartige Bewegungen liefen über die dichtbewachsenen Hügel. Hier und dort ragten halbtote Bäume auf, verkrüppelt und vom Meer weggeneigt, das sie mit seinen salzigen Stürmen vernichtete. Auf der dem Land zugeneigten Seite waren die meisten von ihnen noch grün.

Sternberg blieb immer wieder stehen und lauschte den Schreien der Seevögel. Dutzende von winzigen Strandläufern und Regenpfeifern trippelten am Rand der Brandung entlang, flogen kurz auf, wenn die Strandwanderer ihnen zu nahe kamen, und ließen sich ein paar Meter weiter wieder nieder, um nach Nahrung zu suchen.

Überall hatten sich die zerbrechlichen Wohnhülsen der Röhrenwürmer in Haufen angesammelt. Berge von Schwertmuscheln lagen in den Buchten der Priele. Riesige, gänseähnliche Möwen bewegten sich gemächlich zwischen den kleinen Vögeln und pickten nach Muscheln und Würmern.

„Sie sehen mit ihren gebogenen Schnäbeln und den starren Raubvogelaugen wie Geier aus", dachte Sternberg und erinnerte sich schaudernd daran, wie sich die großen Vögel im Frühling über die jungen Hasen hermachten. Während eines Urlaubs mit seinen Eltern vor zwanzig Jahren hatte er beobachtet, wie ein Möwenschwarm einen kleinen Hasen erlegte. Er hatte schon damals nichts für das Recht des Stärkeren und andere erbarmungslose Gesetze der Natur übriggehabt. Voll Sympathie beobachtete er, wie sich eine winzige, fast durchsichtige Strandkrabbe blitzschnell in den Sand grub, um den hungrigen Vögeln zu entgehen.

Am Horizont war eine endlose Kette von Frachtschiffen unterwegs, als gäbe es dort eine unsichtbare Straße.

Carla ging am Dünenrand entlang. Hier wütete das Meer besonders heftig gegen die Insel an. Kurz zuvor noch hatten sich die Sandhügel sanft vom Strand erhoben, jetzt bröckelten sie, zeigten steile Abbrüche, die von Reisigzäunen dürftig gestützt wurden. Im Süden fraß die Nordsee das Land – bei jeder Sturmflut ein kleines Stück mehr. In einer fast ordentlichen Linie lag das Strandgut vor den Dünen: Plastikmüll, Dosen, Flaschen, Paletten, Kisten und Kanister. Carla bückte sich nach einer merkwürdig geformten Glühbirne, die kyrillische Buchstaben trug. Sie hatten inzwischen Milchtüten aus sechs verschiedenen Ländern gefunden. Unter einer Kiste lugte ein Foto hervor. Carla hob das Bild auf. Es zerbröckelte am Rand und war ausgebleicht vom Salz. Auf ihm war nur ein Mensch deutlich zu erkennen: ein Mann im Smoking, der erstaunt in die Kamera blickte.

„Er sieht aus wie ein Schwede auf Kreuzfahrt", dachte Carla und streifte vorsichtig den Sand von der Fotografie. Der Unbekannte sah interessant aus, fast geheimnisvoll. Carla steckte das Foto in ihre Tasche. Immer wieder prüfte sie das Strandgut mit dem Geigerzähler, aber bisher waren alle Werte ziemlich normal gewesen. Sie ließ den Blick über den glänzenden Sand gleiten und massierte dabei ihren Nacken, der zu schmerzen begann, weil sie ununterbrochen auf den Boden gestarrt hatte. Dann sah sie zu Sternberg hinüber, der neben Britta ging, und dachte an das Telefongespräch mit Simoni, das sie am Morgen geführt hatte. Simoni war der Meinung, daß der Überfall auf dem Flughafen von Leuten der Firma Sécurité inszeniert worden war. Und er hielt die Aktion für dumm, denn schließlich mußte Sécurité davon ausgehen, daß die Listen fotokopiert worden waren.

„Imponiergehabe!" hatte er verächtlich ins Telefon gerufen. Ihm selbst bereitete diese Angelegenheit inzwischen erhebliche Schwierigkeiten, denn Direktor Hernu hatte sich beim Innenministerium, bei der Atombehörde und beim Polizeipräsidenten beschwert. Simoni und Richter Debreil würden in den nächsten Tagen vor einen Sonderausschuß gerufen werden...

Mit brüllenden Düsen rasten drei Kampfflugzeuge über die Insel hinweg, bösartigen Hornissen gleich und innerhalb von Sekunden so schnell verschwunden, wie sie aufgetaucht waren.

Nur ein unbestimmtes, dumpfes Donnern blieb noch ein paar Minuten lang in der Luft.

Piet kam zu Carla herübergestapft und massierte seine Ohren. „Manchmal muß ich mir alle schönen Dinge auf der Erde aufzählen, um den Rest verkraften zu können", sagte er.

Carla lächelte. „Das ist eine gute Anti-Horror-Methode. Ich werde sie mir merken."

„Ich habe weiter unten ein paar Lappen gefunden, bei denen mein Geigerzähler zu ticken anfängt", sagte Piet. „Halten Sie Ihren doch auch mal dran."

Carla folgte ihm. Der Sand knirschte unter ihren Gummistiefeln.

„Da!" Piet wies auf einen Haufen von Stoffstücken.

Carla beugte sich darüber und schaltete das Meßgerät ein. Ein knatterndes Ticken erklang. Sie überprüfte das Ergebnis mehrmals und richtete sich wieder auf.

„85 000 Becquerel", sagte sie und trat zwei Schritte zurück.

„Und das, obwohl sie da draußen sicher ordentlich gewaschen worden sind." Piet wies aufs Meer hinaus.

Von da an verdoppelten sie alle ihre Aufmerksamkeit. Britta fand einen einzelnen Arbeitshandschuh, der ebenfalls leicht strahlte. Mit einer langen Spezialstange verstauten sie ihre Funde in einem Bleibehälter, den ein Feuerwehrmann auf einem Handwagen hinter sich herzog.

Nach zwei Stunden erreichten sie das Ende der Insel. Die Dünen brachen ab, und eine riesige, flache Sandbank breitete sich vor ihren Blicken aus.

„Das ist der Billsand", erklärte Sternberg. „Er ist wie die Wüste Sahara."

Carla sah ihn von der Seite an.

„Jedenfalls fast...", fügte er mit einem Lächeln hinzu.

Sie gingen hinaus in die Sandebene. Weit weg sahen sie die Umrisse der Insel Borkum, die an der Grenze zu Holland lag. Es dauerte noch eine Stunde, ehe sie die Seehundsbänke am

Ende des Billsandes erreichten. Sie hatten zwei Tonnen gefunden, die allerdings nur altes Öl enthielten. Außerdem entdeckten sie zwei Kanister mit Holzschutzmittel und unzählige neue Spraydosen mit holländischer Aufschrift.

„Es ist Haarspray!" rief einer der Feuerwehrleute. „Ist wohl mal wieder ein Container über Bord gegangen!"

Carla beobachtete, wie mehrere Feuerwehrleute ihre Taschen mit den Spraydosen füllten. Sie machte Britta darauf aufmerksam, die neben ihr ging. „Sieh mal, Strandräuber", sagte sie.

Britta verzog den Mund zu einem kleinen, schiefen Lächeln. Ihr Gesicht war überhaupt ein bißchen schief. Das lange, glatte Haar trug sie in einem Pferdeschwanz, der ihr fast bis zur Taille reichte. Sie hatte dunkle, schräge Augen. Nase und Kinn waren rund, und über ihrem linken Backenknochen leuchtete eine halbrunde große Narbe. Um ihren Mund lag ein mürrischer Zug, den sie während der stundenlangen Suche hartnäckig beibehalten hatte. Carla hatte sie hin und wieder beobachtet und war zu dem Schluß gekommen, daß Britta keineswegs schon achtzehn Jahre alt war, wie die Greenpeacer behauptet hatten.

Britta hatte noch kein überflüssiges Wort gesagt.

Carla versuchte, mit dem verschlossenen Mädchen ins Gespräch zu kommen. „Ich bin hundemüde", sagte sie, „und trotzdem müssen wir den ganzen Weg zurück und dabei noch die Wattseite absuchen."

Britta nickte und sah auf ihre schweren Gummistiefel hinunter. „Mir tun die Beine weh", sagte sie, und Carla fiel auf, daß sie undeutlich sprach.

„Wir machen Rast beim Billbauer!" rief ihnen aufmunternd ein Feuerwehrmann zu, der gerade vorbeikam.

„Hoffentlich bald!" Carla seufzte und reckte beide Arme.

Sie ging neben Britta in der Mitte des Billsandes wieder auf die Insel Juist zu. Sie mußten die gesamte Fläche absuchen, weil die Sturmflut alles überschwemmt hatte. Aber auch bei normalem Hochwasser wurde der Billsand zum größten Teil mit Wasser bedeckt. Häufig schon hatten Feriengäste bei einsetzender Flut die Insel nicht mehr rechtzeitig erreicht und mußten mit Hubschraubern gerettet werden. Einige waren sogar ertrunken.

„Wir sind wie die Goldsucher in der Wüste von Nevada." Carla versuchte, ein neues Gespräch mit Britta anzuknüpfen.

Aber das Mädchen antwortete nicht. Sie fanden nichts mehr außer Muscheln und ein wenig Müll. Die Ebbe hatte ihren niedrigsten Stand erreicht, als sie wieder festen Boden betraten. Schwarzglänzend lagen die Schlickbänke des Wattenmeeres vor ihnen. Die Inselandschaft war hier völlig anders als auf der Dünenseite, so, als handle es sich um eine andere Welt und nicht um die Rückseite einer Insel. Sanfte, grüne Wiesen lagen fast auf Meereshöhe. Schwarzweiße Kühe grasten zwischen Scharen von Austernfischern, deren orangefarbene Schnäbel und Beine weithin sichtbar waren. Ihre klagenden, pfeifenden Schreie erfüllten die Luft. Schwarze Wassergräben verbanden das Wattenmeer mit der Insel, als seien Meer und Land ineinander verwoben. Schwarze, mit Muscheln bewachsene Pfähle schoben sich in den leicht abfallenden Schlickboden hinaus. Am Fuß der Pfähle waren kreisrunde Tümpel zurückgeblieben. Unzählige Krebse warteten dort auf die Rückkehr der Flut. Überall lagen kleine Haufen von Muschelschalen, die von den Möwen ausgeschieden worden waren.

Carla blieb stehen und hielt Britta am Arm fest. In einem größeren Tümpel schwamm eine riesige hellblaue Qualle. Sie zog ihren dicken, durchscheinenden Körper zusammen und breitete ihn wieder aus wie eine Tänzerin den Rock. Fast verzweifelt pumpte sie sich so an den Rändern des Prielsees entlang, der immer mehr Wasser verlor. Es war abzusehen, wann die Qualle vertrocknen würde. Wie einen rüschenbesetzten Brautschleier zog sie ihre langen Fäden hinter sich her.

Britta stand schweigend neben dem Tümpel und beobachtete mit gerunzelter Stirn die Qualle. Dann schaute sie zur Fahrrinne hinüber, die immer mit Wasser gefüllt war und in der mittelgroße Schiffe auch bei Ebbe fahren konnten. Es lagen ungefähr zweihundert Meter zwischen Tümpel und Fahrrinne. Britta zog eine Plastiktüte aus der Jackentasche und folgte der Qualle auf ihrem Weg rund um den Tümpel. Dann bückte sie sich und fing das Tier mit der Tüte ein.

Carla sah, wie die Qualle einen Augenblick reglos in der Plastiktüte verharrte und dann um so heftiger zu pumpen begann. Britta lief mit der Tüte, die prall voll Wasser war, zur Fahrrinne hinüber, und Carla beobachtete, wie das Mädchen die Qualle freiließ. Langsam kehrte Britta zurück, nahm aber weit entfernt von Carla ihre Suche wieder auf.

„Sie will nicht mit mir reden", dachte Carla und zuckte die Achseln. Bewundernd betrachtete sie die Schatten großer Wolken auf dem schimmernden Wattboden. Die Leere und Weite der Landschaft machten sie fast trunken. Sie dachte an die Häusermeere, in denen sie sich gewöhnlich aufhielt, und wünschte, daß die Suche noch möglichst lange dauern möge.

Ein Arm streifte in diesem Moment ihre Schulter. Sternberg stand dicht neben ihr und schaute ebenfalls über das Watt hinweg zu der kleinen Insel Memmert hinüber, auf der ein einziges einsames Haus stand.

„Das ist eine Insel, die den Vögeln gehört", sagte er. „In dem Haus wohnt der Vogelwart." Er räusperte sich. „Es ist sicher nicht einfach, diese Leere zu füllen. Man fühlt sich wahrscheinlich irgendwann wie ein Stück Landschaft oder wie eines der Tiere, die hier ums Überleben kämpfen. Oder man muß viel Kornschnaps trinken, um es auszuhalten."

„Vielleicht hilft meditieren?" entgegnete Carla.

„Dann löst du dich wahrscheinlich völlig auf!"

Carla lachte und wies zu einem Bauernhof hinüber, dessen Dach über einen flachen Deich schaute. „Ist das endlich der

Billbauer?" fragte sie.

Sternberg nickte, und die zwanzig Menschen kletterten über Weidezäune und gingen über das weiche Gras der Salzwiesen auf den Hof zu. Eine Schar Gänse watschelte vor ihnen her, die Hälse steil aufgerichtet und wütende, zischende Laute ausstoßend. Mit aufgeregt wackelnden Hinterteilen verschwanden sie hinterm Deich. Ein großer, zottiger Hund bellte, als sie den Billbauer erreichten. Enten und Hühner liefen vor dem Haus herum, Schafe weideten in einem kleinen Pferch.

Kurz darauf saßen sie an den Tischen des großen Gastraums, denn der Billbauer betrieb neben seiner Landwirtschaft eine Gaststätte für die Inselwanderer. Sie aßen dicken Rosinenstuten mit Butter, Milchreis, Salamibrote und Kartoffelsuppe. Sternberg telefonierte mit Radio Norddeich und dem Leiter der Küstenfahndung, der Ohrenberg hieß und dessen Stimme sehr norddeutsch klang.

An mehreren Küstenabschnitten waren radioaktive Abfälle gefunden worden, unter anderem zwei Hüllen von Brennstäben, wie sie in Atomkraftwerken verwendet werden. Allerdings ohne die Urantabletten, mit denen sie normalerweise gefüllt sind. „Das ist nicht besonders beunruhigend", sagte Ohrenberg im Ton einer offiziellen Verlautbarung. „Die Fundstücke sind nur schwach radioaktiv, und das niedersächsische Innenministerium hat es deshalb abgelehnt, so etwas wie eine Alarmstufe auszurufen. Wenn es dabei bleibt, so können wir die Sache vergessen. Die Presse hat nicht aufgeregt reagiert, und deshalb besteht für niemanden ein Grund zur Beunruhigung."

„Aha", erwiderte Sternberg. „Die alte Leier also. Worüber sollte man sich denn beunruhigen, wenn nicht über solche Geschichten?"

Ein kurzes Schweigen entstand in der Leitung.

„Ich kann nichts anderes machen, als meinen Weisungen zu folgen. Wenn ich nichts Aufregendes finde, dann wird die Suche morgen abend eingestellt", erwiderte Ohrenberg.

„Dann können wir ja nur hoffen, daß *wir* etwas finden, denn die Sachen sind mit Spuren von Plutonium verseucht, was die meisten Geigerzähler nicht anzeigen. Tschüs, Herr Kollege!" Sternberg knallte den Hörer auf die Gabel. Er kannte die Taktik der Behörden inzwischen auswendig, aber sie regte ihn immer mehr auf. Er würde später wieder mit Ohrenberg sprechen, jetzt war ihm die Lust dazu vergangen.

22 Carla ging wieder neben Britta. Die Schritte der beiden Frauen waren schwer nach der langen Suche, und nach der Rast waren sie noch erschöpfter. Sie näherten sich allmählich dem Dorf. Auf den Salzwiesen grasten Pferde. Ab und zu hob eines den Kopf und starrte zu ihnen herüber.
„Bist du schon lange bei Greenpeace?" fragte Carla.
Britta runzelte die Stirn und strich sich eine lange Strähne aus dem Gesicht, die sich von ihrem Pferdeschwanz gelöst hatte.
„Ungefähr seit vier Monaten", antwortete sie.
„Es hat mir gefallen, wie du die Qualle gerettet hast. Ich hätte es auch getan."
Britta warf Carla einen mißtrauischen Blick zu. Anscheinend vermutete sie, daß sich Carla bei ihr einschmeicheln wollte. Carla spürte den Argwohn des Mädchens beinahe körperlich, aber sie konnte sich seine Ursachen nicht erklären. Vielleicht lag es einfach daran, daß sie Polizeibeamtin war.
„Es ist ungewöhnlich, daß ein Mädchen eine Ausbildung als Schiffsjunge macht. Wie bist du denn darauf gekommen?" fragte sie weiter.
Brittas Gesicht wurde noch verschlossener. Sie streckte beide Fäuste in die Taschen ihrer Windjacke.

„Weil ich es eben sinnvoll finde", antwortete sie beinahe heftig. „Es gibt nicht viel Sinnvolles zu tun, wenn man von der Hauptschule geflogen ist!" Sie wurde rot und biß sich auf die Unterlippe, als hätte sie zuviel gesagt. Suchend schaute sie sich um und entdeckte Piet in einer Gruppe von Feuerwehrleuten. „Entschuldigen Sie", murmelte Britta. „Ich muß mit Piet noch den Bordplan besprechen." Mit diesen Worten lief sie davon und ließ Carla stehen.

„Irgendwas stimmt mit Britta nicht", dachte Carla und blickte ihr nach. Gemeinsam mit Sternberg und den Feuerwehrleuten ging sie zum Dorf zurück, ohne noch einmal das Gespräch mit Britta zu suchen. Sie wollte nicht aufdringlich erscheinen, und Brittas Leben ging sie wirklich nichts an.

In der kleinen Amtsstube des Inselpolizisten ließen sie sich um das Funkgerät nieder.

Sternberg streckte beide Beine von sich. „Das sind echt ökologische Ermittlungen", seufzte er. „Wir verbrauchen nur unsere eigene Energie."

Carla lächelte und wies auf ein Bildschirmgerät in einer Ecke des Zimmers, dessen Einrichtung ansonsten aus den 50er Jahren zu stammen schien.

„Ob Petersen das wohl jemals benutzt hat?" flüsterte sie Sternberg zu.

Bevor er antworten konnte, betrat Petersen das Zimmer. Groß und schwer stand er da und stülpte seine Dienstmütze über einen Haken an der Wand. Er zog seinen Wintermantel aus und legte ihn sorgsam über einen Stuhl. Dann setzte er das Funkgerät in Betrieb und nahm Verbindung mit Radio Norddeich auf.

„Von dort aus werden normalerweise die Seerettungsaktionen geleitet", erklärte er Carla, die er offenbar für eine hoffnungslose Landratte hielt.

Es rauschte und krachte, aber dann kam eine klare Verbindung zustande.

„Die Schiffe sind auf dem Rückweg in die Häfen", hörten sie Ohrenbergs Stimme. „Morgen werden wir an einigen Stellen Taucher einsetzen."

„Haben Sie die Fundsachen sichergestellt?" fragte Sternberg.

„Alle Fundsachen sind in Bleibehältern sichergestellt. Wir sammeln sie in einer alten Lagerhalle in Norddeich. Gibt es sonst noch etwas?"

„Nein", sagte Sternberg. „Wir sprechen uns morgen wieder. Falls doch noch etwas Unerwartetes passiert, sagen Sie bitte Polizeimeister Petersen Bescheid. Er wird mich dann benachrichtigen."

„Gut, dann einen schönen Abend, Kollege."

„Ebenfalls."

Petersen sah Sternberg fragend an, dann schaltete er das Funkgerät auf Bereitschaft.

„Ist ja bisher nicht viel bei herausgekommen", sagte er langsam.

„Zumindest wissen wir, daß ein paar der versenkten Tonnen nicht dicht sind und einiges vor der Küste herumliegt. Es wäre ja auch märchenhaft, wenn wir ein ganzes Schiff voller Tonnen finden würden."

„Ja, aber wir haben noch keinen konkreten Hinweis auf den Verursacher", beharrte Petersen. „Ich möchte fast wetten, daß wir auch keinen finden werden. Die sind doch so verdammt vorsichtig, und es gibt so viele Atomanlagen an der Küste – wo sollen wir denn da bloß anfangen?"

Sternberg klopfte Petersen auf die Schulter, aber er zog seine Hand schnell zurück, weil ihm diese Geste als herablassend gegenüber einem Dorfpolizisten erschien. „Wir müssen eben ganz systematisch vorgehen", sagte er ruhig. „Vielleicht liefern uns die Brennstabhülsen einen Hinweis."

Petersen rieb sich die Stirn. „Na ja, an mir soll's nicht liegen. Aber ich hätte keine Ahnung, wo ich da anfangen sollte."

„Lassen Sie uns das mal überschlafen, Kollege", sagte Sternberg. „Wir sind heute sicherlich vierzig Kilometer gelaufen. Da fällt niemandem mehr etwas Vernünftiges ein. Wir gehen jetzt noch mal zur *Strandflieder* hinüber. Falls Sie uns brauchen, sind wir dort erreichbar. Gute Nacht."

„Gute Nacht", murmelte Petersen ratlos.

Carla winkte ihm zu, und dann wanderten Sternberg und sie durch das Dorf zum Hafen zurück. Die Straßen waren leer, denn es war schon acht Uhr. Ein paar verlorene Pferdeäpfel lagen herum, und hinter den Fenstern der kleinen Häuser flimmerten die Fernsehapparate.

„Nichts los hier", sagte Sternberg.

Der Mond war aufgegangen. Das Wattenmeer lag schwarz hinterm Deich, und ein kühler Wind blies ihnen entgegen. Die Lichter der Hafenanlage blinkten auf dem Wasser. Mit leisem Klappern und Klingeln rollten die Boote im Wind hin und her. Die *Strandflieder* war hell erleuchtet, und Piet erwartete sie an Deck, als sie an der Kaimauer hinunterkletterten.

„Hallo, Herr Kommissar", begrüßte Piet Sternberg mit seinem spöttischen Chinesenlächeln, das in der Dunkelheit nur zu ahnen war. „Kommen Sie doch herein – wir trinken Tee und Bier, und es gibt Zwiebelkuchen, den Simon gebacken hat. Setzen Sie sich doch mit Ihrer Kollegin zu uns!"

Sternberg dankte. Er fühlte sich müde und spürte ein Ziehen im Rücken. Sie waren zu weit gelaufen an diesem Tag.

In der Schiffsmesse war es warm und gemütlich. Sie setzten sich zu den anderen auf die Bank, die rund um den langen Tisch führte. Tassen mit dampfendem Tee wurden vor sie hingestellt. An Bord herrschte eine schweigende Selbstverständlichkeit. Die Greenpeacer waren im Einsatz.

„Morgen fahren wir raus", sagte Piet. „Ich denke, daß wir die andere Richtung nehmen. Nach Holland rüber. Ich bin sicher, daß in den Grenzgewässern nicht gesucht wird."

„Genau das wollte ich auch vorschlagen", erwiderte Sternberg. „Und wir möchten gern mitkommen, wenn es euch nicht stört."

„Schon in Ordnung", sagte Piet. „Ihr redet ja nicht soviel."

Carla lachte auf. „Ich wollte aber gerade reden, und zwar über das Ergebnis eurer Pressekonferenz. Die Meldung kam zwar in allen Tageszeitungen, die ich in Händen hatte, aber sie war klein. Das bedeutet, daß niemand richtig darauf einsteigen wollte. In jeder Meldung stand außerdem ein Zitat der Behörden, daß es sich um wahrscheinlich harmlose, schwach radioaktive Abfälle handle."

„Tja, so ist das nu mal bei uns", sagte Piet und verzog sein Gesicht. „Da muß man schon was Tolles bieten, ehe es hierzulande jemanden vom Stuhl reißt. Allerdings kommt übermorgen ein Fernsehteam an Bord. Die wollen die Suche nach den Tonnen filmen."

„Wo wollt ihr denn suchen?" fragte Sternberg.

„Wir wollen nach Holland rüber, denn wir haben ein paar Tips bekommen, daß dort etwas los sein könnte."

Sternberg rührte in seiner Teetasse, obwohl es nichts mehr umzurühren gab. „Ihr wollt die Sache alleine machen, ohne Polizei, nicht wahr?"

Piet kratzte sich am Nacken. „Na ja – ich trau' der Aktion nicht ganz, und auch die Holländer sind nicht daran interessiert, radioaktive Abfälle an der Küste zu finden."

Sternberg nickte. „Ich kann das sogar verstehen. Wenn ich noch Greenpeacer wäre, dann würde ich vermutlich genauso handeln."

Britta saß zwischen Simon, dem Ingenieur, und Petra, der Maschinistin. Ab und zu warf sie einen forschenden Blick auf Carla, aber die beachtete sie kaum.

„Was glaubt ihr denn nun, so als Fachleute?" fragte Simon.

Sternberg schob seine Tasse ein Stück von sich und antwortete: „Wir glauben noch gar nichts. Wir brauchen dringend konkrete Hinweise auf die Täter, sonst stochern wir mit der Stange im Nebel. Wenigstens haben wir einen klaren Hinweis, und das sind die deutlichen Plutoniumspuren in der ersten Tonne und in der Leiche. Es muß also eine Anlage sein, in der Plutonium eine relativ große Rolle spielt. Deshalb liegt die Vermutung nahe, daß es sich um eine Wiederaufarbeitungsanlage handelt... oder um eine Anlage zur Herstellung von Atomwaffen. Damit können wir uns auf wenige Länder konzentrieren. WAAs gibt es in Frankreich, Großbritannien und Belgien. Bei uns hat es ja nicht geklappt mit Wackersdorf."

Petra fuhr mit der Hand über ihr Gesicht, und ein schwarzer Streifen blieb auf ihrer Wange zurück. Sternberg lächelte, als er es sah, und Petra wurde rot.

„Was ist?" fragte sie irritiert.

„Du hast wieder einen Streifen auf der Backe!"

Petra zuckte die Schultern und lächelte; dann wurde sie ernst. „Warum glaubst du, daß Leute so etwas tun?" fragte sie.

„Was?"

„Na, überhaupt mit Atomkraft umgehen, mit Kernspaltung und Atombomben."

Es war ganz still in der engen Schiffsmesse. Die Lampe schwankte leise hin und her, denn das Schiff bewegte sich in der Dünung.

„Weil sie widerliche, psychopathische Profitgeier sind, die alles an sich raffen, was es zu holen gibt!" Simons Stimme klang scharf durch den Raum.

„Weil sie alles zerstören wollen wie kleine Jungs im Sandkasten, die ihre Burgen zertrampeln und Ameisen zerquetschen", sagte Britta haßerfüllt. Dann wurde sie rot und zog den Kopf ein, erschrocken über ihren eigenen Gefühlsausbruch.

Sternberg seufzte und sah zu, wie der Dampf langsam aus seiner Teetasse aufstieg und sich dann auflöste. „Ich glaube, es liegt noch ganz anders", sagte er. „Was ihr da genannt habt, das sind doch Symptome, Ausdruck einer Krankheit oder Entwicklung, die viel tiefer geht. Ich habe immer wieder darüber nachgedacht und kann auch nur meine eigenen Gedanken dazu mitteilen. Ich glaube, daß es etwas mit dem Tod und der Angst und der Sinnlosigkeit zu tun hat. Es ist ein Spiel mit dem Tod und seiner Beherrschbarkeit, von der doch jeder Mensch weiß, daß es sie nicht geben kann. Und es ist auch Angst vor Veränderung."

„Ich verstehe überhaupt nichts", sagte Britta aggressiv.

„Sieh mal", Sternberg wandte sich an sie, „wir leben in einer waffenbedeckten Welt, in eingebunkerten Systemen. Jedes System will sich gegen das andere verteidigen – dagegen baut es Raketen. Das gibt ein Gefühl von Sicherheit und Beständigkeit, obwohl man jeden Tag in die Luft fliegen kann. Und dabei merken alle immer viel zu spät, daß Veränderungen gar nicht aufzuhalten sind, daß sie von innen heraus entstehen."

Piet rubbelte seine Haare und seinen Bart.

Sternberg fuhr fort: „Nehmt als Beispiel die Autoindustrie. Es ist uns und unserem Autosystem ganz egal, ob alle Wälder sterben. Hauptsache, das vertraute System funktioniert noch. Aber es wird nicht mehr lange funktionieren, weil das Leben keinen Spaß mehr macht, und damit wird es sich auch ändern. Ach, es ist zu kompliziert, um es zu erklären."

„Du bist ja ein richtiger Philosoph, Kommissar", sagte Piet.

„Und warum versenken sie dann Tonnen im Meer, gefährden die Umwelt und die Menschen und ermorden den armen Typ in der Tonne?" fragte Britta.

„Weil sie vor lauter Angst, den Tod und das Ende ihres Atomsystems ernst nehmen zu müssen, zu Verbrechern werden. Weil sie Angst davor haben, ihre Macht zu verlieren. Vielleicht wollte der Tote in der Tonne etwas verändern?"

„Aber was?" fragte Simon ein wenig trottelig.

„Vielleicht hatte er etwas herausgefunden und wollte es ausplaudern, vielleicht wollte er nicht mehr mitmachen...", sagte Carla nachdenklich. „Warum wehren sich die Verantwortlichen auf der ganzen Welt, das Atomprogramm aufzugeben? Weil sie dann sehr viel mehr in Frage stellen müßten als nur dieses eine Programm. Unseren Umgang mit Energie zum Beispiel."

„Ja." Sternberg nickte. „Und warum sagen die meisten Menschen: Man kann ja doch nichts ändern! Weil sie sich eben selbst ändern müßten – das ist doch der springende Punkt!"

„Und der Tod?" fragte Petra leise.

Die Lampe schwankte heftiger, und Simon machte eine Handbewegung, mit der er beinahe seine Tasse umgestoßen hätte.

„Der Tod...", sagte Sternberg, „er steht hinter alldem. Ich glaube, wenn man sich ausreichend mit ihm auseinandergesetzt hat, dann wird man auch richtig leben können – nicht so voller Gier und Hast und Angst."

Britta stand plötzlich auf und sagte laut: „Scheiße!"

Alle sahen sie verblüfft an, und sie lief wieder rot an.

„Das galt nicht Ihnen", murmelte sie und blickte unsicher zu Sternberg hin. „Ich dachte an die Dinge, die ich bisher erlebt habe. Vielleicht haben sie ja recht. Es ist nur so schwierig, einen eigenen Weg zu finden." Sie drehte sich abrupt um und verschwand durch die niedrige Tür, die zu den Schlafkojen führte.

„Was ist mit Britta?" fragte Carla nach einer Weile.

Piet rutschte unbehaglich auf der Bank hin und her. „Sie hatte eine Menge Schwierigkeiten in ihrem Leben. Aber das muß sie euch schon selbst erzählen. Sie hat allerdings selten Lust, aus sich herauszugehen."

23. Am nächsten Morgen lief die *Strandflieder* um neun Uhr aus dem Juister Hafen. Ihr Dieselmotor tuckerte friedlich, und das Wattenmeer lag unter einer leichten Nebeldecke, die gerade dabei war, sich aufzulösen. An einigen

Stellen brach schon die Sonne durch und ließ das Wasser golden aufleuchten. Enten schwammen auf den sanften Wellen, schwarze Punkte in einer Welt, die keine klaren Begrenzungen mehr hatte. Hinter dem Nebel konnte alles mögliche sein – Schiffe, Inseln, das Festland. Piet rief hin und wieder ein Kommando. Es war kalt und feucht, und Sternberg zog seinen dicken Seemannspullover enger um sich. Jeder an Bord tat ruhig seine Arbeit: Britta half Petra im Maschinenraum, Simon stand am Steuer und rauchte Pfeife. Er glich einem schönen Offizier auf einem Luxusdampfer.

„Das Wetter soll heute wieder gut werden", verkündete Piet, der gerade den Seewetterbericht gehört hatte. „Aber es kann sein, daß sich der Nebel an manchen Stellen nicht auflösen wird. Hoffentlich sehen wir genug!"

Sternberg antwortete nicht. Er schaute zur Insel hinüber, die halb im Nebel verborgen lag. Wie ein seltsames Fabelwesen stand dort ein Pferd, das auf einer Wolke zu schweben schien. Er stellte sich ernsthaft die Frage, ob seine Schiffsreise auf der *Strandflieder* zur Lösung des Falles beitragen konnte. Eigentlich hätte er nach Norddeich fahren müssen, um die Brennstäbe zu überprüfen, aber er hatte keine Lust dazu. Er wollte einfach noch einen Tag auf See bleiben, weit weg von aufgeregten Kollegen, Hubschraubern, Fachleuten, Telefonapparaten.

Die *Strandflieder* ließ Juist hinter sich und durchquerte vorsichtig das Gebiet der Sandbänke vor Borkum. Der Nebel hatte inzwischen das Festland erreicht und stand dort als graue, fast bedrohliche Wand. Borkum aber lag im Sonnenschein. Es war auflaufende Flut, und sie konnten ziemlich nahe an den Strand heranfahren. Sie waren jetzt in der Nähe der holländischen Grenze, aber kein Zollboot war in Sicht.

Piet stellte sich neben Sternberg und wies Richtung Holland. „Dort draußen liegt eine große Sandbank, die selten überflutet wird. Es ist fast eine Insel. Dort gibt es ein bißchen Strandhafer, Seevögel und Seehunde. Vielleicht sollten wir da nachsehen. Es ist nicht weit, etwa zehn oder fünfzehn Seemeilen. Das Wetter bleibt ruhig – wir können ohne Gefahr mit der *Strandflieder* rausfahren. Allerdings müssen wir höllisch aufpassen, daß wir nicht auf Grund laufen. Die Gegend ist sehr ungemütlich, sie hat lauter Untiefen."

Sternberg nickte. Er ging zu Carla in den Funkraum des Schiffes. Seit einer Stunde hielt sie Kontakt zu verschiedenen Schiffen der Wasserschutzpolizei, vor allem zu den beiden Booten, die Taucher eingesetzt hatten.

Als Sternberg neben sie trat, nahm sie den Kopfhörer ab und stellte das Gerät auf Empfang. „Ich wollte doch mal hören, was die Jungs so alles machen", sagte sie. „Nicht, daß sie uns am Ende noch etwas verschweigen. Die Taucher haben eine Menge am Meeresgrund gefunden. Haufenweise Müll und alte Tonnen, aber keine, die zu unserer Tonne passen würde. Es scheint sich aber auf jeden Fall gelohnt zu haben."

„Gut", sagte Sternberg und lehnte sich mit dem Rücken an die Holzwand der Kabine. „Kannst du mir einen Tip geben, wie es weitergehen soll, wenn wir tatsächlich nichts mehr finden außer ein paar verstrahlten Fetzen? Die brauchen doch einfach nur stillzuhalten, und wir können nichts machen."

Carla stützte den Kopf in die Hand und spielte am Kopfhörer. „Ich glaube nicht, daß ein Mensch einfach verschwinden kann. Irgend jemand wird ihn irgendwann einmal vermissen. Auch wenn er Einzelgänger, Junggeselle, Vollwaise oder sonstwas war. Wenn wir nichts finden, dann wird sein Foto in allen europäischen Zeitungen erscheinen, und es wird ihn jemand wiedererkennen. Du bist doch sonst nicht so ungeduldig."

„Richtig", antwortete Sternberg. „Ich bin auch nicht ungeduldig, ich bin neugierig und würde den Kerlen gern auf den Pelz rücken. Ich bin sicher, daß auch dieser Fall wieder ein Stück verändern wird, weil er mies und brutal ist. Die Greenpeacer haben schon recht gehabt mit ihrer Strategie: Es sind die großen, aufsehenerregenden Dinge, die sich in den Köpfen der Menschen festsetzen und etwas verändern."

Carla sah aus dem Fenster, denn das Schiff rollte stärker im Seegang als zuvor. Sie fragte: „Wo sind wir denn? Mitten auf dem Meer?"

„Wir steuern eine große Sandbank auf holländischem Gebiet an. Piet hofft, daß wir dort etwas finden."

„Oh, hoffentlich schwankt das Schiff nicht noch mehr, ich bin doch nicht seefest." Carla erhob sich. „Könntest du mich ablösen? Ich schnappe besser mal frische Luft, ehe mir übel wird."

Sternberg nickte und setzte sich an das Funkgerät.

Carla fühlte sich wackelig – aber sie wollte auf gar keinen Fall seekrank werden. Piet saß vorn am Bug und rollte ein Tau auf. Carla setzte sich neben ihn und beobachtete mißtrauisch, wie sich der Schiffsbug hob und senkte.

„Auf den Horizont sehen", sagte Piet, ohne den Blick zu heben.

„Wie bitte?"

„Sie müssen auf den Horizont schauen, dann wird Ihnen nicht so leicht schlecht."

Carla stöhnte und fixierte gehorsam den Horizont. Sie beobachtete interessiert, wie sich eine Nebelbank langsam über die rettende Linie zwischen Wasser und Himmel schob. „Und jetzt?"

Piet lachte und rief: „Pech!"

„Warum wird *Ihnen* denn nicht schlecht?"

„Ich bin es eben gewöhnt. Ich fahre seit über zehn Jahren zur See. Mit einem Kapitänspatent kann man es sich nicht erlauben, seekrank zu werden."

„Kann man sich denn daran gewöhnen?"

„Klar. Es kommt von ganz alleine. Irgendwann wird einem nicht mehr schlecht, da können die Wellen noch so hoch gehen. Ich war schon überall, wo es Wasser gibt. Mich hält es nie längere Zeit an einem Ort."

„Warum?" fragte Carla, obwohl sie es eigentlich nicht so genau wissen wollte. Sie hoffte nur, daß das Gespräch verhindern würde, daß sie sich übergeben mußte.

Piet lächelte vor sich hin, während er das Tau entwirrte. „Ich weiß nicht so genau. Vielleicht habe ich als Kind zu lange in einer kleinen Stadt gelebt. Es wurde mir dort zu eng. Inzwischen fühle ich mich überall zu Hause. Nette Leute gibt es auf der ganzen Welt. Nur mit den festen Bindungen ist es ein Problem. Deshalb habe ich auch keine mehr." Er runzelte die Stirn und löste den letzten Knoten.

„Piet!" rief Simon in diesem Moment von der kleinen Kommandobrücke.

„Jou!"

„Wir sind bald da, und es wird hier ziemlich mulmig. Ich hatte eben das Gefühl, daß wir schon unten angeschrammt sind."

„Nein", antwortete Piet bestimmt. „Ich spüre, wenn wir anschrammen."

In diesem Augenblick ging ein kaum merkliches Beben durch die *Strandflieder*.

Piet sprang auf und legte das ordentlich zusammengerollte Tau auf die Schiffsplanken. Er grinste Carla an und hob einen Finger. „Aber eben sind wir angeschrammt", sagte er, drehte sich um und verschwand.

Carla klammerte sich an die Reling. Sie atmete tief durch und wandte vorsichtig die Augen vom unsichtbaren Horizont zur Wasseroberfläche hinunter, um zu sehen, ob sie auf einer Sandbank aufgelaufen waren. Außer schaumigem, braunblauem Wasser konnte sie nichts erkennen. Schnell hob sie wieder ihre Augen.

„Das Schiff ist viel zu klein für dieses große Meer", dachte sie. In diesem Augenblick teilte sich der Nebel, und sie sah eine große Sandfläche, auf der Dutzende von Seehunden lagen.

Die *Strandflieder* drosselte ihre Geschwindigkeit, und Piet steuerte das Schiff geschickt durch die tieferen Kanäle vor der Sandbank.

„Wie schaffen Sie das?" fragte Sternberg, der sich neben den Kapitän gestellt hatte.

Piet lachte, aber er ließ keinen Augenblick ein kleines Gerät neben dem Steuerrad aus den Augen. „Das ist keine Zauberei – wir haben nämlich ein Echolot an Bord. Schließlich bewegen wir uns öfter in unsicheren Gewässern."

Sie kreuzten eine halbe Stunde lang vor der Sandbank, ehe sich der Nebel endgültig hob. Noch immer lagen die Seehunde auf dem glatten Sand. Das Tuckern des Motors hatte sie nicht beunruhigt. Außer Piet und Simon standen alle an der Reling und starrten zur Sandbank hinüber – die Seehunde starrten zurück.

Plötzlich schrie Britta: „Da, seht doch!"

„Was?" fragte Sternberg.

„Da, zwischen den Seehunden!"

Zwischen den tonnenartigen Leibern der Tiere lag ein Faß. Man konnte es leicht übersehen, denn es war zur Hälfte mit Sand bedeckt und unterschied sich nicht sonderlich von den Seehunden.

„Mensch, Britta! Du bist ja Klasse!" schrie Piet. Er übergab das Steuer an Simon und schlug Britta so kräftig auf die Schulter, daß sie zusammenzuckte. „Denn laß uns man die Sache näher betrachten. Hoffentlich ist es keine Öltonne."

Sie verankerten die *Strandflieder* und brachten gemeinsam das gelbe Schlauchboot zu Wasser, das im Heck des Schiffes untergebracht war. Petra bediente den Bordkran, und Minuten später saßen Simon, Britta und Sternberg, eingezwängt in Schwimmwesten, im Boot. Der Außenbordmotor heulte auf, und sie nahmen, eine Schaumwelle hinterlassend, Kurs auf die Sandbank. Simon fuhr nach dem schnellen Start bald wieder langsamer. Er wollte die Seehunde nicht erschrecken. Die Tiere hoben ihre runden Köpfe und gähnten. Einige bellten ärgerlich und rutschten gemächlich ins Wasser.

„Es tut mir leid, daß wir sie stören müssen", sagte Britta. „Die Seehunde brauchen ihre Ruhepause in der Sonne."

„Diesmal können wir leider keine Rücksicht auf ihren Schlaf nehmen, denn sonst müssen wir mit der Taschenlampe nach unserer Tonne suchen", rief Simon gegen das Knattern des Motors an und setzte das flache Boot behutsam auf dem Sand auf. Sternberg und Britta sprangen in das seichte Wasser und zogen das Boot ein Stück weiter an Land. Dann rannten sie gemeinsam zu der Tonne und knieten atemlos neben ihr nieder.

Sie war schwarz, mehr konnten sie nicht erkennen.

Sternberg begann mit den Händen zu graben, und Britta machte es ihm nach. Der Sand war sehr fest, aber sie schafften es trotzdem, den Bauch der Tonne freizulegen.

„Da!" sagte Sternberg erleichtert.

Ein verwaschenes helles Dreieck wurde sichtbar. Aufgeregt buddelten sie weiter und legten ein zweites Dreieck frei.

„Es ist das Strahlenzeichen!" rief Britta zu Simon hinüber. „Wir haben sie, wir haben sie!" Sie rannte Simon entgegen, der das Boot gesichert hatte und nun mit drei Schaufeln auf dem Weg zu ihnen war.

Sternberg sah ihr verblüfft nach. Britta war bisher mürrisch und zurückhaltend gewesen; nun hüpfte sie plötzlich fröhlich über den Strand. „Sie ist sicher noch nicht achtzehn", dachte er, „sie ist ja noch ein richtiges Kind." Er nahm den Geigerzähler aus der Tasche und führte ihn an der Tonne entlang. Er zeigte kaum etwas an, also war diese Tonne einigermaßen dicht. Gemeinsam schaufelten die drei das Faß frei. Es war so schwer, daß sie fast eine halbe Stunde brauchten, ehe sie es sicher an Bord vertäut hatten.

„Wir müssen uns beeilen! Die Ebbe hat eingesetzt; wir bekommen sonst das Boot nicht mehr flott!" rief Simon.

Das Wasser lief so schnell ab, daß man zusehen konnte.

Schweiß tropfte über ihre Gesichter, während sie das schwere Boot Zentimeter um Zentimeter wieder ins Wasser brachten. Endlich hatten sie es geschafft. Simon machte das Siegeszeichen in Richtung *Strandflieder*, und sie kehrten zum Schiff zurück.

24 Ziemlich ratlos stand die Schiffsbesatzung wenig später um die Tonne herum, die nun sicher an Bord der *Strandflieder* untergebracht war.

„Ich werde einen Hubschrauber anfordern, der sie nach Hamburg bringen soll. Jetzt muß es schnell gehen", sagte Sternberg.

„Ja, aber dazu müssen wir erst wieder über die Grenze. Wir befinden uns hier in holländischen Hoheitsgewässern. Da können nicht einfach deutsche Polizeihubschrauber Tonnen abholen", bemerkte Piet.

„Dann laßt uns losfahren!"

Es war inzwischen gegen vier Uhr nachmittags, und der Nebel verdichtete sich. Piet ließ die Nebellampen einschalten, und das Nebelhorn der *Strandflieder* stieß in kurzen Abständen ein beunruhigendes Tuten aus. Piet übernahm selbst das Steuer und blickte aufmerksam in den Nebel hinaus und dann wieder auf sein Echolot.

„Wir müssen aus dem Gebiet der Sandbänke in tieferes Wasser kommen, dann erreichen wir ohne Schwierigkeiten von See her die Fahrrinne, die zum Juister Hafen führt. Wahrscheinlich ist es besser, wenn der Hubschrauber die Tonne erst dort übernimmt, denn der Nebel wird mit Sicherheit dichter."

„Aber das dauert mindestens zwei Stunden", warf Sternberg ungeduldig ein.

„Klar", antwortete Piet. „Aber das Meer hat seine eigenen Gesetze. Was nicht geht, das geht eben nicht."

Die *Strandflieder* tuckerte geruhsam durch die Untiefen vor der Küste. Der Nebel legte sich in dichten Schleiern um sie; manche Schwaden waren so dicht, daß man vom Bug des Schiffes aus das Heck nicht mehr sehen konnte. Abwechselnd übernahmen sie Nebelwache. Britta stellte sich freiwillig an den Bug und hielt Ausschau. Sie tranken im Stehen Kaffee, denn keiner fand die Ruhe, sich hinzusetzen. Sternberg beschäftigte sich mit dem Funkgerät.

„Laß mich mal kurz ran", sagte Simon und ging auf einen anderen Kanal.

„Hallo, Radio Norddeich! Hier ist die *Strandflieder*." Simon gab die Position des Schiffes durch und fragte, ob Schiffe in dieser Gegend unterwegs seien.

„Hallo, *Strandflieder*! Zwei Fischkutter sind unterwegs nach Norddeich, aber sie laufen weiter nördlich. Sonst ist uns nichts bekannt."

„Danke, Ende." Simon ging zu Piet zurück, um den Kurs genau zu bestimmen.

Plötzlich stießen Britta und Piet gleichzeitig einen Schrei aus. Sie hatten die Umrisse eines Schiffes einige Sekunden lang gesehen. Dann hörte man das Aufheulen eines Motors, und die Nebel schlossen sich.

„Verdammt!" rief Piet. „Der hätte uns beinahe erwischt. Es sah aus wie ein Küstenwachboot oder eine Motorjacht. Wahrscheinlich ist das wieder mal so ein Freizeitkapitän, der keine Ahnung hat, wo er eigentlich herumschippert."

„Aber warum ist er so schnell abgehauen? Er muß uns doch auch gesehen haben", fragte Britta.

Piet lachte. „Wahrscheinlich schmuggelt er holländische Butter oder Schnaps aus dem Freihafen. Vielleicht hat er uns für ein Zollboot gehalten." Piet steigerte vorsichtig die Geschwindigkeit der *Strandflieder*, während die anderen aufmerksam in den undurchsichtigen grauen Nebel hinauslauschten.

„Ich höre ihn! Er kann nicht weit weg sein. Sei vorsichtig!" rief Britta.

Ganz deutlich hörten alle den Motor des unbekannten Bootes. Es entfernte sich Richtung Westen, also auf die offene See hinaus.

„Hilfe brauchen die jedenfalls nicht", meinte Piet. „Wir drehen besser ab und fahren so schnell wie möglich nach Juist. Unsere Fracht ist zu kostbar, um sie bei einem Zusammenstoß zu verlieren."

Carla stand neben Britta an der Reling. Der Nebel benetzte ihre Gesichter mit unzähligen winzigen Tropfen. Schweigend beobachteten sie, wie die Welt um sie herum immer enger wurde.

„Komisch!" sagte Britta plötzlich. „Gestern konnte man noch so weit sehen, daß mir ganz mulmig dabei wurde. Und jetzt ist alles verschwunden."

„Wenn es so weitergeht, werden wir nicht einmal mehr die Geräusche richtig hören können. Es klingt sowieso alles wie durch einen Schalldämpfer." Carla lauschte. Es war unheimlich, durch dieses Wattemeer zu fahren. Ihr fiel auf, daß sie ihre Seekrankheit ganz vergessen hatte. Sie spürte keine Spur von Übelkeit mehr. „Ich freue mich, daß du die Tonne gefunden hast. Wir hätten sie womöglich gar nicht entdeckt", sagte sie zu Britta.

Das Mädchen lächelte. „Es ist das erstemal, daß ich wirklich etwas für Greenpeace tun konnte", sagte sie.

„Aber das stimmt doch nicht", wandte Carla ein. „Du arbeitest doch hier an Bord. Sie brauchen dich hier!"

Britta runzelte die Stirn. „Das ist etwas anderes. Das ist normale Arbeit. Ich möchte etwas wirklich Ungewöhnliches tun. Ich wünsche mir, daß alle mich ernst nehmen."

Carla schwieg. Sie konnte Britta gut verstehen und dachte an ihre eigenen Tagträume, die sie als Sechzehnjährige hatte. Sie wollte damals sehnlichst etwas vollbringen, das alle erstaunte. Eine außergewöhnlich mutige Tat, zum Beispiel: ein Kind aus dem Wasser retten, einen Einbrecher stellen... Heute wußte sie, was diese Tagträume bedeuteten. Niemand hatte ihr damals wirklich etwas zugetraut. Ein liebes, hübsches Mädchen hatte sie sein sollen – für wilde Träume gab es da keinen Raum.

„Du meinst also, wenn du hier kochst und abwäschst, das Deck fegst und Petra im Maschinenraum hilfst, dann verschafft dir all das nicht den Respekt der anderen?" fragte Carla.

Britta warf ihr einen prüfenden Blick zu. „Es ist, wie wenn ich zu Hause den Tisch decke und den Mülleimer runterbringe. Niemand nimmt das wirklich zur Kenntnis", sagte sie leise.

Carla antwortete nicht, und Britta schüttelte ihren langen Haarschweif aus, der vom Nebel feucht geworden war. Plötzlich sah sie Carla triumphierend an. „Aber vorhin, als ich die Tonne entdeckt habe, da hat Piet mich zum erstenmal richtig angesehen. So, wie er Petra ansieht oder Sie."

Carla spürte einen winzigen Schmerz in sich. Es war der Schmerz über die Unaufmerksamkeit der anderen, unter dem sie selbst so lange gelitten hatte. Die Blindheit der Menschen, deren Reaktion man so dringend braucht – vor allem, wenn man jung ist. Sie verspürte den Wunsch, Brittas Hand zu nehmen oder den Arm um sie zu legen, aber sie wußte, wie empfindlich das Mädchen war.

Plötzlich erregte ein Geräusch ihre Aufmerksamkeit. Es war der Motor des fremden Schiffes.

„Hör mal", sagte Carla zu Britta und faßte sie nun doch am Arm. „Ja! Ich höre es ganz deutlich! Das Schiff hat gewendet und folgt uns."

Britta lief zu Piet, während Carla zum Heck der *Strandflieder* ging, um noch genauer hören zu können. Der Nebel war undurchdringlich, aber das Boot schien ganz in der Nähe zu sein.

Simon kam eilig aus der Schiffsmesse.

„Hier!" rief Carla.

„Die nehmen Kurs auf uns!" rief Kalle, nachdem er eine Weile gelauscht hatte. „Piet, lösch mal die Nebellichter, und hör auf, so einen Krach zu machen!"

Piet drosselte die Motoren, so daß die *Strandflieder* fast lautlos dahinglitt. Außerdem änderte er den Kurs. Sie standen alle schweigend an Bord und horchten.

Das Schiff überholte sie auf dem alten Kurs der *Strandflieder*. Piet wartete kurz, dann beschleunigte er das Schiff und steuerte einen Halbkreis. Kurz darauf wurde der Motor des anderen Schiffes wieder lauter; es schien auf sie zuzukommen.

„Verdammt!" fluchte Piet. „Die wollen wirklich was von uns. Jetzt nichts wie weg!"

„Mich würde eigentlich interessieren, wer das ist und was sie von uns wollen", sagte Sternberg.

„Ich habe kein gutes Gefühl bei der Sache", antwortete Piet. „Es klingt vielleicht übertrieben, aber die könnten ja von der anderen Partei sein, und dann ist ein Zusammentreffen sicher nicht sehr angenehm. Ich will auf keinen Fall, daß die in mein Boot reindonnern!"

Sternberg lief zum Funkgerät. Er hatte sich von Piet die Position der *Strandflieder* geben lassen. „Hallo, Radio Norddeich! Ich rufe die Aktion Strandgut! Wir werden von einem unbekannten Schiff verfolgt. Ist es zufällig eines unserer Boote?"

„Hallo, *Strandflieder*. Welche Position habt ihr?"

Sternberg gab die Position an.

„Es ist kein Polizeiboot in eurer Nähe. Was ist mit dem Schiff?"

„Es folgt uns, obwohl dichter Nebel ist. Könnt ihr uns Verstärkung schicken?"

„Der Nebel ist zu dicht. Außerdem ist das nächstgelegene Boot rund zwanzig Seemeilen von euch entfernt. Bis die euch finden, seid ihr längst in Juist. Wir schicken euch einen Hubschrauber. Der Nebel reicht nicht sehr hoch. Der Hubschrauber könnte also gefahrlos über euch kreisen. Vielleicht erschreckt das eure Verfolger."

„Schickt den Hubschrauber lieber nach Juist. Er muß sowieso etwas von uns übernehmen. Ende!"

Sternberg kehrte wieder an Deck zurück. Noch immer standen alle an der Reling und horchten aufmerksam. Rosarotes Sonnenlicht beleuchtete den Nebel. Piet fuhr die Motoren auf volle Leistung. Immer wieder glaubte einer von ihnen, das Schiff zu sehen, doch immer wieder verschwand die Erscheinung im Nebel.

„Ich glaub' allmählich an den Klabautermann", murmelte Simon ärgerlich.

„Wir brauchen noch zwanzig Minuten bis zum Hafen!" rief Piet. Er stand verbissen und mit gesträubtem Bart am Steuer.

„Vielleicht wollen die sich ja nur an uns hängen, um den Hafen zu finden", mutmaßte Simon.

„Nein", widersprach Britta. „Dann hätten sie uns ein Signal gegeben. Ich glaube eher, daß sie beobachtet haben, wie wir die Tonne an Bord nahmen."

„Kaum ist ein Kommissar an Bord, wittern schon alle einen Krimi", spottete Simon.

„Ich glaube, Britta hat recht", entgegnete Carla bestimmt. „Ich bin am Flughafen von zwei Männern angegriffen worden. Gut, es können auch Handtaschenräuber gewesen sein, aber das glaube ich nicht. Die Gegenseite ist doch vorgewarnt. Sie haben vermutlich Angst, daß wir die Leiche finden, denn sie wissen nicht, daß wir sie schon haben. Es ist doch in diesem Fall wahrscheinlich, daß sie selbst nach den Tonnen suchen, die abgetrieben wurden."

„Genau!" fügte Britta laut hinzu.

Carla mußte gegen ihren Willen lächeln. Britta war wirklich noch sehr jung.

„Wenn die anderen dort auch suchen, folgt daraus, daß die Tonnen vor der holländischen Küste versenkt wurden", fügte Britta hinzu.

„Das könnte sein!" rief Sternberg anerkennend, und Britta lächelte – diesmal ohne den mürrischen Zug um ihren Mund.

Simon warf den dreien einen unsicheren Blick zu, dann drehte er sich um. „Hei, Piet! Fahr doch mal ein bißchen leiser. Wir wollen hören, ob die noch da sind."

Irgendwo auf der Steuerbordseite vor ihnen brummte der Schiffsmotor.

„Hoffentlich erwischen die uns nicht. Sie sind sehr schnell", sagte Piet besorgt.

„Wir könnten uns ja hinter sie setzen", schlug Sternberg vor.

„Ungern!" rief Piet. „Ich bin bei Wettrennen lieber vorn."

„Wir sind wahrscheinlich sowieso schon hinter ihnen", meinte Simon und lauschte wieder. „Nein, sie sind noch weiter auf die Steuerbordseite geraten, ich höre sie kaum noch. Los, machen wir, daß wir den Hafen erreichen!"

Die *Strandflieder* lief nun volle Kraft voraus. Fünfzehn Minuten später errreichten sie sicher den Hafen. Obwohl keiner von ihnen körperlich gearbeitet hatte, fühlten sie sich alle außer Atem. Sie warteten, aber das unbekannte Schiff hatte offenbar abgedreht.

25 „Das ist es!" sagte Sternberg so laut, daß er über seine eigene Stimme erschrak. Vor ihm lag der Inhalt der Tonne, säuberlich ausgebreitet im Glaskasten des Hamburger

Instituts für Strahlenforschung. „Sie haben doch einen Fehler gemacht!" Er betrachtete befriedigt den Arbeitskittel mit der Aufschrift „La Hague". „Toll", fügte er hinzu. „Ich bin fast enttäuscht, daß es plötzlich so schnell gehen soll."

„Vielleicht geht es gar nicht so schnell", meinte Carla. „Mir kommt die Geschichte eher wie ein dummer Trick vor. Warum sind alle Etiketten sorgfältig abgetrennt worden, und plötzlich steht auf einem Kittel, der noch dazu um einen Brennstab gewickelt war, ‚La Hague'?"

Sternberg lief hin und her, ohne zu antworten.

Carla sah ihm eine Weile dabei zu, dann ging ihr das Quietschen seiner Turnschuhe auf dem glatten Boden über die Hutschnur, und sie sagte: „Hör doch bitte auf, so herumzulaufen!"

Sternberg blieb ruckartig stehen. „Wieso sollte ich nicht hin und her laufen, wenn mir danach ist?" Er hatte sein Kinn angriffslustig nach vorn geschoben. „Das ist es", dachte er, „wenn man eng zusammenarbeitet oder zusammenlebt. Immer kommt es zu Übergriffen!"

„Weil es mir auf die Nerven geht", antwortete Carla.

„Mir geht es auf die Nerven, wenn du an mir herumkrittelst. Ich will nachdenken und dabei herumlaufen können." Seine Stimme klang scharf.

„In Ordnung", sagte Carla, griff nach ihrer Tasche und verließ den Raum. Leise schloß sie die schwere Tür hinter sich.

Sternberg lief weiter auf und ab, aber er kam sich nach kurzer Zeit lächerlich vor. Er dachte nämlich nicht mehr über seinen Fall nach, sondern an Carla. Sie war ihm immer wieder ein Rätsel und schaffte es immer wieder, ihm mit überraschenden Reaktionen zu verblüffen. Sie löste Konflikte auf ihre Weise; manchmal stritt sie sich fast begeistert mit ihm herum, und manchmal ging sie einfach. Sie zeigte ihm, daß sie in keiner Weise von ihm abhängig war. Oder stand sie vielleicht vor der Tür und hatte Gewissensbisse?

Sternberg zögerte, aber dann ging er entschlossen zur Tür und riß sie auf. Der lange Gang mit den weißen Kacheln lag verlassen vor ihm. Plötzlich tat es ihm leid, daß er sie so angefahren hatte, denn ihre Kritik war nicht bösartig gewesen. Wieso hatte er nur derartig empfindlich reagiert? Vielleicht lag es daran, daß sie den Hinweis auf La Hague bezweifelte, während er ihn ernst genommen hatte. Er warf noch einen Blick auf den ausgebreiteten Müll. Wahrscheinlich hatte Carla sogar recht. Sternberg nahm seinen Mantel, den er über einen Stuhl geworfen hatte, und klopfte an die Nebentür. „Dr. Steffen?"

Steffen öffnete und sah ihn fragend an.

„Hören Sie, die Sachen werden gleich von meinen Kollegen abgeholt. Es tut mir leid, daß wir Sie schon wieder behelligen mußten, aber das war vermutlich das letzte Mal."

Steffen machte eine abwehrende Handbewegung.

„I wo, wir haben doch gern geholfen", antwortete er.

Sternberg wandte sich um, verhielt dann aber seinen Schritt. Er wollte sicher sein, daß das Schild „La Hague" nicht verschwand. Es war bestimmt besser, auf die Kollegen von der Kripo zu warten. Seufzend setzte er sich auf den einzigen Plastikstuhl im Labor.

„Sie können gern gehen, Kommissar Sternberg!" rief Steffen durch die offene Tür. „Ich bleibe sowieso noch. Ich habe etwas aufzuarbeiten."

Sternberg zog seinen Jackenärmel zurück. Es war fünf Minuten nach zehn Uhr abends. „Arbeiten Sie öfter so lange?" fragte er.

Steffen kam zu ihm herüber, und Sternberg musterte das hagere Gesicht des Physikers. Es gab keinen Grund, anzunehmen, daß Steffen Beweismaterial verschwinden lassen würde. Trotzdem war Sternberg mißtrauisch.

„Nein, ich bleibe noch, weil ich mit den Kollegen etwas besprechen muß."

„Ich würde ihm lieber sagen, daß ich seinem Glauben an die Atomkraft nicht traue", dachte Sternberg. „Aber ich habe keine Lust, mit ihm eine Diskussion anzufangen." Sternberg rutschte auf dem kalten Plastikstuhl herum. Die Zeit schien einzufrieren in diesem Raum, der einer hygienischen Leichenhalle glich. Endlich, nach zwanzig Minuten, hörte er Schritte auf dem Flur, und seine Kollegen traten ein. Sogleich war alles mit geschäftigen Geräuschen erfüllt. Zwei Beamte trugen den strahlensicheren Behälter, die anderen packten irgend etwas aus und witzelten dabei müde herum.

Dr. Steffen und ein zweiter Institutsangestellter halfen ihnen, den Behälter ins Innere des Strahlenschutzraums zu schleusen.

„Gut", sagte Sternberg, „dann kann ich ja gehen. Sie bringen den Behälter in den Keller der Zentrale. Und Sie haften persönlich dafür, daß kein Stück verschwindet. Es handelt sich um wichtiges Beweismaterial!"

Die Beamten warfen ihm befremdete Blicke zu. Sie wußten, worauf Sternberg anspielte. Bei der Hamburger Polizei hatte es in den letzten Monaten manche Schlamperei gegeben, und sie fühlten sich durch seine Worte wohl daran erinnert.

Sternberg nickte den Beamten zu und verabschiedete sich von Dr. Steffen. Nachdem er den weißen Flur entlanggegangen war, erreichte er die Eingangshalle mit den traurigen Gummibäumen und lief eilig die Stufen zur Straße hinunter. Es war inzwischen halb elf Uhr geworden. Wenige Stunden zuvor hatte sie ein Polizeihubschrauber samt Tonne nach Hamburg geflogen. Die *Strandflieder* lag noch vor Juist, wollte aber am nächsten Tag Richtung Holland auslaufen. Piet war sicher, daß er noch mehr finden würde.

Sternberg schaute sich suchend um. Den zivilen Polizeiwagen, mit dem sie gekommen waren, konnte er nirgends entdecken. „Sie hat den Wagen genommen", dachte er verärgert. „Sie hat mich einfach hier sitzenlassen!" Er stellte sich an den

Straßenrand und hielt nach einem Taxi Ausschau. Es hatte zu regnen begonnen, und es kamen viele Autos vorüber, auch viele Taxis, doch sie waren alle besetzt. „Verdammt!" murmelte er und schlug den Mantelkragen hoch. „Sie hätte ja wenigstens hier auf mich warten können." Endlich sah er das gelbe Leuchtschild eines unbesetzten Mietwagens in der Dunkelheit. Er sprang auf die Straße und winkte. Der Wagen hielt mit kreischenden Bremsen.

„Zur Polizeizentrale", sagte Sternberg, während er sich auf den Sitz fallen ließ. Der Fahrer, ein dunkelhäutiger, dünner Mann, warf ihm einen prüfenden Blick zu, sagte aber nichts, sondern nickte.

Vor dem Eingang zum Polizeipräsidium rutschte der Wagen, weil der Fahrer zu schnell bremste. Er lächelte, als handle es sich dabei um einen gelungenen Scherz. Sternberg ließ sich eine Quittung ausstellen und lief durch den Regen auf das erleuchtete Portal zu. Er grüßte die Wache, zeigte seinen Ausweis, grüßte nochmals und ging zum Lift. Im siebten Stock hoffte er einen Augenblick, ein Unbekannter möge ihn in den elften Stock holen, aber der Fahrstuhl hielt, und er mußte aussteigen. Auf dem Flur war niemand, aber aus einigen Zimmern hörte Sternberg Schreibmaschinengeklapper und Stimmen. Langsam ging er auf Brinkmanns Büro zu. Die Tür war nur angelehnt, und nachdem er sie leise aufgedrückt hatte, sah er Carla neben Brinkmann am Teleschreiber stehen.

Sternberg steckte eine Hand in die Jackentasche und versuchte ein möglichst unbeteiligtes Gesicht zu machen.

Carla drehte sich um und lächelte. „Hallo, Kommissar", sagte sie. „Wir haben das Bild des Toten und die anderen Informationen an die Polizei von Brest und an Simoni in Paris übermittelt. Ich bin sehr neugierig, was dabei herauskommen wird."

„Aha", bemerkte Sternberg. Es klang so sparsam, daß Brinkmann ihm einen interessierten Blick über den Rand seiner

Brille hinweg zuwarf. „Gut", sagte Sternberg daraufhin, obwohl sein Zorn wieder anwuchs.

„Entschuldigen Sie mich einen Moment", sagte Brinkmann. „Ich hole uns Kaffee."

„Er ist ja plötzlich so freundlich?" Sternberg schaute auf die Tür, hinter der Brinkmann verschwunden war.

„Kein Mensch ist ununterbrochen schlecht gelaunt. Er hat sich gefreut, mit mir diese Schreiben loszuschicken, denn seine Fahndung war in diesem Fall bisher erfolglos."

Sternberg ertappte sich dabei, daß er wieder auf und ab ging. Er zwang sich, am Fenster stehenzubleiben, und schaute auf die nasse, schwarze Stadt hinaus.

„Warum hast du das alles eigentlich gemacht, ohne mit mir darüber zu sprechen?" fragte er leise.

Carla stand noch immer neben dem Bildschirmgerät. Sie strich mit der Hand über den glatten Deckel. Einen Augenblick lang fühlte sie sich unsicher, doch dann fixierte sie herausfordernd Sternbergs Rücken. „Das ist also wieder einmal eine Machtprobe", dachte sie und sagte: „Ich hielt es für richtig, daß sehr schnell etwas geschah. Außerdem war ich sicher, daß du es genauso machen würdest."

Sternberg schwieg. Dann sagte er langsam: „Du hast deine Kompetenzen überschritten, wenn man es genau nimmt."

Carla atmete vorsichtig ein. Am liebsten hätte sie ihm ein paar Karateschläge verpaßt. Sie mußte einen Punkt bei ihm getroffen haben, der ihn zur Verteidigung zwang. Und dieser Punkt war sicher nicht die „Kompetenzüberschreitung".

„Meinst du das im Ernst?" fragte sie ruhig.

Sternberg senkte den Kopf und wandte sich dann schnell um. „Nein!" antwortete er fast heftig. „Ich meine es nicht ernst, oder besser, ich meine es ein bißchen ernst. Wir hätten darüber reden sollen, denn *ich* muß es verantworten. Ich weiß nicht einmal genau, warum ich es gesagt habe..." Er stieß mit dem Fuß gegen eine Falte des Teppichbodens und versuchte, sie zu glätten. „Vielleicht liegt es daran, daß du immer so selbständig handelst, daß du einfach gehst, wenn dir etwas nicht paßt, und mich mit meinem Problem allein stehenläßt."

„Du wirst doch nicht anfangen, Chefallüren zu bekommen – vielleicht sagst du jetzt gleich noch, daß ich handle wie ein Mann?" Carla sah Sternberg fragend an.

Er schüttelte ärgerlich den Kopf.

„Mit deinen Problemen mußt du sowieso alleine fertig werden, ob ich dableibe oder nicht", sagte Carla leise.

„Aber du gibst mir mit deinem Verhalten zu verstehen, daß du mich für einen Trottel hältst und es dir völlig gleichgültig ist, was ich meine."

Carla senkte die Augen. „Nein, Philip, es ist mir nicht gleichgültig, und ich halte dich auch nicht für einen Trottel. Ich habe nur keine Lust, mit dir Streitereien auszutragen, die zu einem alten Ehepaar passen würden."

Sternberg stöhnte und machte eine zornige Armbewegung. „Warum bist du nur so verdammt eigensinnig?"

Carla zuckte die Achseln. „Bis heute hat dich das nicht besonders gestört."

„Es stört mich auch nicht, es ärgert mich nur gerade jetzt!"

„Weil ich dich, den Vorgesetzten, stehenließ und auch noch unseren gemeinsamen Dienstwagen entführt habe – der übrigens auch meiner ist..., allerdings von der Hackordnung her mehr deiner, nicht wahr?"

Sie standen sich gegenüber und starrten sich grimmig an.

„Jetzt sag bloß nicht, daß ich ganz gut zu Greenpeace gepaßt haben muß, weil die auch so ein hierarchisches Gehabe an den Tag legen." Sternberg lächelte gequält.

„Woher weiß du, was ich sagen will?"

„Ich sehe es dir an. Du hast nämlich ein Gesicht, das alles verrät. Du kannst deine Gedanken nicht verbergen, und das ist ja auch gut so." Er machte eine kleine Pause und sagte dann: „Aber, komm, laß uns die Sache vergessen, ja?"

Carla blickte an ihm vorbei aus dem Fenster. Ehe sie antworten konnte, stieß Brinkmann mit dem Ellenbogen die Tür auf, drei Becher mit Kaffee in den Händen balancierend.

„So", sagte er laut, „nun können wir weitermachen."

Sie setzten sich rund um Brinkmanns Schreibtisch, schlürften dünnen, heißen Automatenkaffee aus Plastikbechern und gingen zum hundertstenmal die Liste der Atomfabriken durch. La Hague hatte inzwischen drei rote Punkte, Sellafield zwei, verschiedene Plutoniumfabriken einen Punkt.

„Laßt uns doch mal sehen, wer noch keinen Punkt hat", schlug Carla vor. „Es könnte ja auch ein Atomkraftwerk mit Zwischenlager sein, das seine ausgebrannten Brennstäbe loswerden wollte."

„Nein, das glaube ich nicht", sagte Sternberg. „Es ist mit ziemlicher Sicherheit eine Wiederaufarbeitungsanlage, denn die Brennstäbe sind nicht vollständig. In einem Zwischenlager werden ausgebrannte Stäbe nicht bearbeitet. Sie werden nur ausreichend gekühlt. Aber in einer WAA wird das Uran herausgelöst, damit es eben wiederaufgearbeitet werden kann. Es ist nicht mehr radioaktiv genug, um die Kettenreaktion in einem Atomkraftwerk aufrechtzuerhalten. Deshalb werden die einzelnen radioaktiven Elemente wieder getrennt, angereichert und zu neuen Brennstäben verarbeitet. Dabei entsteht auch ein gewisser Anteil Plutonium, der dann für Atombomben oder schnelle Brüter verwendet wird."

Kommissar Brinkmann starrte Sternberg an. „Sie haben ja wirklich Ahnung", sagte er dann.

Sternberg grinste und zog eine feine Linie auf der Liste. Bei Nr. 42 blieb sein Stift stehen. „De Panne, Wiederaufarbeitungsanlage an der französisch-belgischen Grenze. Wird gemeinsam von französischen und belgischen Energiekonzernen betrieben", las er halblaut.

„Laßt uns doch mal nachsehen, wie viele Störfälle die schon hatten", sagte er und gab den Namen De Panne in den

Computer ein. Innerhalb weniger Sekunden erschien ein längerer Text auf dem Bildschirm.

Sternberg las laut vor, während er gleichzeitig mit einer Taste den Befehl gab, daß der Text ausgedruckt wurde.

„Fertiggestellt 1988, verarbeitet Brennstäbe aus Frankreich, Belgien, Holland, Spanien und der Bundesrepublik. Störfälle 18, jedoch keine bedeutenden..., was immer das heißen mag", fügte er hinzu.

„Die sind ja richtig unauffällig", meinte Carla. „Allerdings ist der Name De Panne nicht gerade günstig für eine WAA."

Brinkmann stieß ein meckerndes Lachen aus. Sternberg hob die Augenbrauen, und seine Mundwinkel zuckten.

„Die wollen vermutlich auch unauffällig bleiben", antwortete er. „Und deshalb werden wir sie einmal unter die Lupe nehmen."

„Aber Sie können doch nicht auf gut Glück dorthin fahren und Verdächtigungen aussprechen! Das kann eine Menge Ärger geben!" Brinkmann verschüttete in der Aufregung etwas Kaffee und säuberte seinen Schreibtisch mit einem Papiertaschentuch.

„Es wird uns nichts anderes übrigbleiben – es sei denn, unser Toter wird in La Hague vermißt, was mich sehr wundern würde", meinte Carla.

26 Am nächsten Morgen rief Simoni in der Hamburger Polizeizentrale an. Sternberg und Carla waren gerade dabei, ihre Unterlagen für die Ermittlungen in Belgien zusammenzustellen.

„Ich fahre selbst nach La Hague", rief Simoni ins Telefon, als Carla sich meldete. „Das wird mir zwar weiteren Ärger einbringen, aber ich werde es trotzdem tun. La Hague war mir schon immer ein Dorn im Auge. Dauernd passiert dort etwas, und die Atomenergiebehörde hindert uns daran zu ermitteln. Und wenn ich Ihnen erzähle, welche Katastrophenpläne dort in den Schubladen liegen, dann wird Ihnen übel..."

Carla lauschte. „Mein Gott", sagte sie einmal.

Sternberg sah auf. Carla stand am Telefon und schüttelte den Kopf, dann trommelte sie mit der Faust auf den Schreibtisch. Sternberg zog fragend die Augenbrauen hoch, aber Carla runzelte nur die Stirn.

„Ja, so ungefähr habe ich mir das immer schon vorgestellt", sagte sie nach einer Weile.

Sternberg schloß die Aktentasche und zeigte vor Carlas Augen auf seine Armbanduhr.

„Monsieur Simoni, ich muß Schluß machen. Wir fliegen in einer Stunde nach Belgien. Wir überprüfen De Panne. Ich gebe Ihnen die Telefonnummer unseres Hotels. Es heißt Sur Mer. Melden Sie sich, wenn Sie in La Hague angekommen sind. Ciao."

Sternberg und Carla griffen nach ihren Koffern und winkten Kommissar Brinkmann zu.

„Ich komme, wenn Sie etwas gefunden haben!" rief er ihnen etwas wehmütig nach.

Vor dem Polizeipräsidium wartete ein Dienstwagen auf sie. Beim Einsteigen klemmte Sternbergs heller Mantel in der Tür. Er seufzte, als er den dunklen Ölfleck auf dem Stoff bemerkte.

Der Wagen setzte sich in Bewegung. Ein junger Polizeibeamter in Zivil saß am Steuer.

„Na, wohin geht die Reise?" fragte er.

„Pst, Geheimauftrag", antwortete Carla und legte einen Finger auf die Lippen.

„Möcht' ich auch mal haben, 'nen Geheimauftrag", sagte der

Fahrer.

Eine halbe Stunde vor dem Abflug der Maschine nach Brüssel erreichten sie den Flughafen Fuhlsbüttel. Sie gaben ihre Koffer ab, nur die Tasche mit den Ermittlungspapieren für die belgischen Kollegen nahm Sternberg als Handgepäck mit sich.

„Meinst du, daß die immer noch hinter uns her sind?" fragte er und sah sich prüfend im Warteraum um.

Eine dicke Frau reichte zwei dicken Kindern Coladosen. Geschäftsmänner mit schmalen, rechteckigen Aktenkoffern standen gelangweilt herum, sahen nervös auf die Uhr, lasen Zeitung, gingen auf und ab. Es wurde Französisch und Flämisch gesprochen. Jedesmal, wenn der Lautsprecher erklang, hoben alle die Köpfe und lauschten angestrengt. Wie auf allen Flughäfen und Bahnhöfen der Welt konnte man die Ansagen nur mühsam verstehen. Mehrmals setzten sich ein paar Leute entschlossen in Bewegung, um zu einem der Ausgänge zu gehen, blickten sich dann unsicher um, weil ihnen keiner folgte, blieben schließlich stehen, um unauffällig zu den Mitreisenden zurückzukehren.

„Bisher konnte ich keinen entdecken, der so aussieht, als wolle er uns die Tasche abnehmen", meinte Carla.

Endlich kam der Aufruf für die Maschine nach Brüssel. Nebeneinander betraten sie den schmalen, tunnelartigen Gang, wurden kontrolliert und zeigten ihre Dienstausweise, die sie berechtigten, ihre Waffen mit an Bord des Flugzeugs zu nehmen. Am Ende des Tunnels gelangten sie direkt in den Passagierraum und wurden von einer freundlichen, blonden Stewardeß zu ihren Plätzen begleitet. Gleichzeitig ließen sie sich in die weichen, hellbraunen Sessel fallen.

„Ich hab' eine tolle Geschichte für dich. Sie ist so aufregend, daß du gar nicht bemerken wirst, wenn wir fliegen", sagte Carla und lächelte Sternberg aufmunternd zu.

Er sah sehr grimmig aus und strich nervös über den Aktenkoffer. Carla wußte, daß er es haßte, fliegen zu müssen.

„Vielleicht ist es eine Geschichte über jemanden, der ungern fliegt und seinen eigenen Absturz verschläft?" fragte Sternberg und legte den Sicherheitsgurt an.

„Nein, so gemein bin ich nun doch nicht."

Sternberg winkte der Stewardeß. „Bringen Sie mir bitte einen Whisky, ich habe schwer gegessen."

Die junge Frau sah ihn besorgt an. „Soll ich Ihnen eine Tablette bringen?" fragte sie.

„Nein, ich habe Sie um einen Whisky gebeten!"

„Entschuldigung", sagte die Stewardeß und wandte sich an Carla. „Wünschen Sie auch etwas zu trinken?"

„Nein, danke."

Die Stewardeß rückte ihr Käppchen zurecht und entfernte sich.

„Ich trinke nie Whisky", murmelte Sternberg. „Ehrlich gesagt mag ich ihn nicht einmal besonders. Aber er beruhigt meine Nerven schlagartig."

Die Stewardeß kehrte zurück und reichte ihm ein Glas, das mit einer goldbraunen Flüssigkeit gefüllt war. „Wir starten in einer Minute", sagte sie und kontrollierte die Sicherheitsgurte.

Sternberg trank das Glas in einem Zug leer, dann lehnte er sich zurück und schloß die Augen.

„Hast du Angst?" fragte Carla leise.

Sternberg öffnete ein Auge. „Ein Kommissar hat nie Angst."

„Nein?"

„Natürlich habe ich Angst, aber ich kann es aushalten – zumindest mit dem scheußlichen Gebräu im Bauch und wenn du neben mir sitzt."

Carla lächelte und legte ihre Hand auf seinen Arm.

Die Maschine setzte sich langsam in Bewegung, und das Stimmengewirr der Passagiere verebbte. Das Flugzeug wurde schneller, raste schließlich über die Startbahn und hob unerwartet sanft vom Boden ab. Sie zogen eine weite Schleife über den Hafen und flogen dann nach Westen. Sternberg öffnete die Augen.

„Ist dir eigentlich schon aufgefallen, daß Flugzeuge immer dann abheben, wenn man die Beschleunigung nicht mehr aushalten kann und halt! schreien möchte?" fragte er.

„Nein, aber du könntest recht haben." Carla zog ihre Hand von seinem Arm zurück.

„Du könntest sie ruhig noch ein bißchen liegenlassen."

Carla schüttelte den Kopf. „Jetzt hör mal zu. Simoni hat mir am Telefon von dem Katastrophenplan von La Hague erzählt. Er ist streng geheim, und er hätte ihn keinesfalls ausplaudern dürfen. Aber er hat so eine Wut auf die Atomindustrie und seine eigene Regierung, daß ich mir Sorgen um ihn mache."

„Sehr ungewöhnlich für einen französischen Polizeibeamten im höheren Dienst", meinte Sternberg und ließ seinen Blick über die grünen Wiesen Ostfrieslands gleiten. Winzige schwarzweiße Kühe bevölkerten die Wiesen.

„Simoni ist italienischer Abstammung!"

„Ja – Italiener lieben das Leben."

„Na, du mußt es ja wissen mit deiner Mafiafamilie."

„Also, interessiert dich diese Geschichte, oder macht dich *ein* Whisky schon betrunken?"

„Brauche ich noch einen, um sie zu verkraften?"

„Quatsch", sagte Carla und versetzte ihm einen Handkantenschlag gegen das Knie.

Sternberg verzog keine Miene.

„Simoni erzählte mir, daß er auf einen Plan gestoßen sei, der bei einem größeren Störfall in La Hague in Kraft treten soll. Die Wiederaufarbeitungsanlage liegt auf einer Halbinsel. Ein paar hundert Leute leben dort, vor allem Bauern und ihre Familien. Wenn also ein größerer Störfall eintritt, zum Beispiel Plutonium entweicht, dann wird diese Halbinsel vom Festland abgesprengt. Die Sprengladungen sind schon seit Jahren installiert, und notfalls sollen noch Bomben eingesetzt werden. Die Menschen auf der Halbinsel sollen auf diese Weise daran gehindert werden, aus dem Gefahrenbereich zu fliehen, weil sie derart verseucht sein können, daß sie eine Gefahr für andere darstellen!"

Sternberg schloß die Augen wieder. „Ja", sagte er langsam, „so ähnlich habe ich mir das vorgestellt."

„Genau das habe ich vorhin zu Simoni gesagt."

27 De Panne war eine kleine Stadt inmitten von grünen Marschwiesen. An der Hauptstraße standen graue, zweistöckige Bürgerhäuser aus dem 19. Jahrhundert. Es gab einen kleinen Hafen und viele Fischrestaurants und Pommesfrites-Buden. Vor den Gasthäusern standen große Schilder, auf denen frische Miesmuscheln angepriesen wurden.

Der Himmel war blauschwarz, als Sternberg und Carla aus ihrem Mietwagen stiegen. Die Sonne beschien eine Wolkenwand über dem Ärmelkanal. De Panne wirkte in dieser eigenartigen Scheinwerferbeleuchtung wie eine Filmkulisse.

Carla und Sternberg bezogen ihre Zimmer im Hotel *Sur Mer*, von dem aus man natürlich das Meer nicht sehen konnte. Es war ein altes Hotel voller Plüschmöbel und Spitzenvorhänge. Der Speiseraum war in einer Glasveranda untergebracht, und es roch nach Fisch und Muschelsud. Es gab nur wenige Gäste um diese Jahreszeit, gerade ein paar Handelsvertreter und ein älteres Ehepaar, das schon seit zwanzig Jahren hier Urlaub machte. Der Wirt war ein hagerer, blasser Mann mit grauen, buschigen Haaren. Seine Augenbrauen waren sehr dicht und wölbten sich über kleinen, lebhaften Augen, die von vielen

Falten umgeben waren. Er trug eine weiße, lange Schürze und paßte sehr gut zu seinem Hotel – so, als stamme er selbst aus dem vergangenen Jahrhundert. Er hieß Valier, und während Carla und Sternberg ihren Kaffee tranken, polierte er den Kupfertresen und räumte ständig in ihrer Nähe herum.

„Möchten Sie heute abend Muscheln essen?" fragte er.

„Das ist eine gute Idee!" Carla bekam von Sternberg für ihre Antwort einen leichten Tritt gegen das Bein.

„Es gibt fantastische Muscheln in diesem Jahr", sagte Valier und lehnte sich über den Tresen.

„Leben Sie schon lange in De Panne?" fragte Carla.

„Ich bin hier geboren und war immer hier zufrieden. Es ist ein schöner Ort."

„Kommen viele Leute hierher, um Urlaub zu machen?"

„Nun", der Wirt wiegte den Kopf, „früher war es sehr gut, aber in den letzten Jahren wird es immer schlechter. Junge Familien kommen gar nicht mehr, nur die alten Stammgäste. Das liegt an dem Monstrum, das sie uns vor die Nase gesetzt haben, obwohl über die Hälfte der Bevölkerung dagegen war. Diese Atomfabrik!" Er sah sich um und sprach leise weiter: „Manche sagen, daß das Wasser verseucht sei und man die Fische nicht mehr essen könne, die in der Gegend gefangen werden."

„Und die Muscheln?" fragte Sternberg.

Valier lachte; dabei wurden seine langen, gelben Zähne sichtbar. „Keine Angst, die stammen aus Frankreich! Ich bin doch nicht verrückt und verkaufe Muscheln aus De Panne." Er polierte seinen Zapfhahn. „Für mich ist das alles nicht so schlimm. Ich habe mein Auskommen und will inzwischen nicht mehr. Aber andere haben Pleite gemacht. Sie hatten größere Hotels, und dann kamen keine Gäste mehr. Meine Kinder sind weggezogen und viele andere auch. Dafür kamen solche, die in der Wiederaufarbeitungsanlage arbeiten. Vielleicht haben Sie den neuen Teil von De Panne gesehen. Dort wohnen diese

Leute." Er musterte Carla und Sternberg prüfend. „Sie wollen doch sicher auch keinen Urlaub hier machen...? Jedenfalls sehen Sie nicht so aus."

„Wie sehen wir denn aus?" fragte Carla.

„Ich würde Sie für Leute halten, die beruflich unterwegs sind. Nicht gerade für Geschäftsleute, eher etwas außerhalb der Norm. Aber ich könnte nicht genau sagen, warum." Er rieb heftig sein Ohr und sah plötzlich sehr wachsam aus. „Haben Sie vielleicht etwas mit der Atomfabrik zu tun?"

Sternberg lachte. Valiers Vermutung war noch schlimmer, als für einen Polizisten gehalten zu werden. „Nein, oder besser gesagt, nur indirekt. Wir suchen einen Verwandten, der hier gearbeitet haben soll. Haben Sie vielleicht auch manchmal Gäste, die bei der WAA beschäftigt sind?"

„Manchmal kommen welche zum Essen oder Kartenspielen. Es ist nicht viel los hier."

Sternberg zog das Foto des Toten aus seiner Jackentasche und reichte es Valier. „Haben Sie diesen Mann schon einmal gesehen? Er arbeitet mal hier, mal da, aber er hat sich schon lange nicht mehr bei seiner Familie gemeldet. Seine Mutter macht sich Sorgen. Die letzte Nachricht von ihm kam aus De Panne."

Valier trocknete seine Hände sorgsam an der großen Schürze und nahm die Fotografie mit zwei Fingern. Er betrachtete sie lange und warf dann einen mißtrauischen Blick auf Sternberg. „Der Mann sieht komisch aus. Schläft er?"

„Ja, wir haben dummerweise nur das eine Foto, und ausgerechnet darauf schläft er."

Valier schüttelte den Kopf. „Nein, ich habe ihn noch nie gesehen. Aber gehen Sie doch mal ins Café *Eve* unten am Hafen. Da treffen sich viele Arbeiter. Es gibt dort Spielautomaten, Musik, Mädchen. Fragen Sie doch da mal herum."

„Danke, das werden wir tun."

„In zwei Stunden ist die Tagschicht zu Ende, dann kommen

die Leiharbeiter haufenweise ins *Eve*."

„Dann werden wir uns erst mal ein bißchen die Gegend ansehen, und heute abend essen wir Muscheln bei Ihnen."

Valier nickte und verschwand in der Küche.

Sternberg und Carla traten auf die Straße. Möwen kreisten über den Häusern, und die schrägstehende Sonne beleuchtete die Straßen. Es roch nach Salzwasser und dem heißen Öl einer Pommes-Bude.

„Ich habe vorhin mit Greenpeace telefoniert", sagte Sternberg. „Die *Strandflieder* trifft spätestens morgen hier ein und wird Messungen vor De Panne durchführen. Es ist vielleicht ganz günstig für uns, wenn der Werkschutz durch die Greenpeacer abgelenkt wird."

Carla lächelte. „Das ist ein ganz gemeiner Trick!"

„Ja, aber die Gegenseite ist mit Sicherheit viel gemeiner", erwiderte Sternberg mit Nachdruck. „Laß uns doch mal das Monstrum, wie Valier sagte, in Augenschein nehmen."

Sie stiegen in den weißen Peugeot, den sie in Brüssel gemietet hatten, und fuhren langsam durch die Stadt.

Carla dachte an die Ankunft in Brüssel. Sie hatten mit den Kollegen von der Kripo und dem Umweltdezernat gesprochen. Die Beamten waren sehr höflich gewesen, aber keineswegs hilfsbereit. Einen Störfall in De Panne hätte es nicht gegeben; De Panne sei eine erstklassige Anlage. Die Kollegen betrachteten es fast als unfreundlichen Akt, daß Sternberg und Carla in De Panne ermitteln wollten. Aber nach einigen Diskussionen hatten sie sich bereit erklärt, die Beamten in De Panne zu informieren und die Ankunft der deutschen Kollegen anzukündigen.

Außerhalb der Stadt bog Sternberg in eine neue, breite Straße ein, die zum Meer führte. Kaum hatten sie den Deich hinter sich gelassen, erblickten sie die Wiederaufarbeitungsanlage. Drei riesige rechteckige Betonklötze mit mehreren Schornsteinen lagen am Horizont auf einer Landzunge, die sich in den Ärmelkanal hinausschob.

Sie kamen nicht weit, denn das Gelände der Atomfabrik war weiträumig mit einem hohen Sicherheitszaun abgesperrt. Drei Schlagbäume schützten das Tor. Mehrere bewaffnete Werkschutzleute kontrollierten jedes Fahrzeug.

„Ende!" sagte Sternberg und stoppte den Wagen am Straßenrand. „Ende der Republik Belgien. Hier beginnt der Staat De Panne!" Er stützte seine Arme auf das Steuerrad und beobachtete das Tor. Die Werkschutzleute sahen zu ihnen herüber, doch sie wurden von einem anderen Fahrzeug abgelenkt, das langsam an dem weißen Peugeot vorbeirollte. Es war ein riesiger Spezialtransporter, dem ein Polizeifahrzeug mit Blaulicht voranfuhr.

„Ein Transporter für abgebrannte Brennstäbe – französisches Kennzeichen. Klar: De Panne entsorgt Gravelines mit seinen sieben Reaktorblöcken, Penly und Chooz mit den drei Atomkraftwerken, Cattenom mit fünf, Nogent mit dreien – oder sind es sogar vier?"

„Woher weißt du das?" Sternberg sah Carla erstaunt an.

Sie machte ein Gesicht wie eine Musterschülerin. „Ich habe es nachgelesen, weil es mich außerordentlich interessiert. Der ganze Mist wird über Landstraßen transportiert, mit einem Polizeifahrzeug als Geleitschutz. Willst du noch mehr wissen?"

Sternberg nickte.

„Außerdem werden Brennstäbe aus den belgischen Anlagen Doel und Tihange angeliefert, aus Dodeward und Borselle in Holland, aus Dungeness, Bradwell, Winfrith und Sizewell in Großbritannien, von dort allerdings auf dem Seeweg. Zu alldem kommen noch Brennelemente aus Lemoniz und Sta. Maria de Garona in Spanien, aus Jülich, Mülheim-Kärlich..."

„Halt!" rief Sternberg und starrte Carla an. „Bist du seit neuestem ein Computer?"

„Nein", antwortete sie verschämt. „Ich lese es von einem Zettel ab, den ich auf meinen Knien liegen habe." Sie hob ihre

Handtasche hoch und zeigte ihm den Zettel.

Sternberg schüttelte den Kopf. „Und ich dachte schon, du seist wirklich so gründlich informiert."

„Was machen wir jetzt?" Carla ignorierte seine Bemerkung.

Sternberg sah auf seine Uhr. „Es ist bald Schichtwechsel hier draußen. Sieh nur, da kommen sie ja schon von allen Seiten. Wir könnten uns ja so allmählich ins Café *Eve* begeben."

Die breite Straße hatte sich belebt. Von beiden Seiten passierten Fahrzeuge das Werkstor. Sie beobachteten eine Weile, wie jeder einzelne gründlich kontrolliert wurde, dann wendete Sternberg den Peugeot.

28 Rosarote Leuchtbuchstaben, umgeben von flimmernden Neonröhren, zeigten weithin sichtbar das Café *Eve* an. Es war schon fast dunkel, als Carla und Sternberg über das holperige Pflaster auf das Lokal zugingen. Die Fenster des Cafés waren mit rosafarbenen Plastikherzen beklebt.

„Sieht aus wie ein Bordell", sagte Sternberg und legte seine Hand auf den Türgriff.

„Nur nicht so schüchtern!" Carla stieß ihn leicht an.

Sie betraten das *Eve* und blieben verblüfft stehen. Ein riesiger dunkler Raum mit einer langen Bartheke öffnete sich vor ihnen. Eine Wendeltreppe führte in einen noch größeren Saal hinab, in dessen Mitte sich eine Tanzfläche befand; an den Wänden standen Dutzende von Spielautomaten. Es roch nach kaltem Rauch, und die wenigen Gäste, dunkelhäutige Männer – Marokkaner, Tunesier oder Algerier –, nahmen sich verloren aus. An der Bar lehnten einige blonde, stark geschminkte Mädchen. Die Musik war nicht sehr laut, und die Mädchen an der Bar warfen Carla prüfende Blicke zu.

„Sie halten dich für Konkurrenz." Sternberg grinste. „Aber du machst dich ja auch ganz gut."

„Oh, Mann!" antwortete Carla.

Sie gingen zur Bar und bestellten Bier. Der Barkeeper war ebenfalls Nordafrikaner.

„Und jetzt?" fragte Sternberg.

„Jetzt warten wir, bis die Schichtarbeiter kommen. Aber wir können ja bei den Mädchen anfangen. Laß mich das machen, ich sehe auch ein bißchen südländisch aus und gehe leicht als Schwester des Toten durch."

Carla schlenderte zu den Frauen hinüber, die sie mit herausfordernden Blicken empfingen.

„Bonsoir", sagte Carla.

Die Mädchen nickten.

„Ich spreche Sie an, weil ich Ihre Hilfe brauche." Carla blickte verlegen auf den Boden. „Ich weiß, es ist ungewöhnlich, wenn eine Frau hier hereinkommt. Es ist auch nicht leicht für mich..., aber ich bin auf der Suche nach meinem Bruder. Er ist verschwunden. Meine Mutter macht sich große Sorgen um ihn. Vielleicht haben Sie ihn gesehen?"

Die Mädchen standen unbeweglich an der Bar und sahen Carla an. Eine von ihnen – sie trug ein rosarotes Kleid und große rosarote Ohrringe – antwortete schließlich: „Wer ist denn Ihr Bruder?"

Carla wühlte in ihrer Tasche und förderte das Foto zutage. Sie reichte es mit einem hoffnungsvollen Lächeln dem rosaroten Mädchen, das lange auf das Bild schaute und es dann weiterreichte.

Sternberg beobachtete die Szene und fand, daß Carla ihre Rolle sehr überzeugend spielte. Immer mehr Männer strömten währenddessen in das Lokal. Sie standen in Gruppen herum, tranken Kaffee aus kleinen Tassen, rauchten und redeten. Es waren fast ausschließlich Nordafrikaner. Sternberg sah wieder zu Carla hinüber. Die Mädchen gaben ihr das Foto zurück, zuckten die Achseln und schüttelten die Köpfe.

Carla ging zur Bar zurück und trank einen Schluck Bier. „Angeblich hat keine ihn je gesehen", sagte sie enttäuscht.

„Es wäre ja auch zu schön", antwortete Sternberg. „Dann machen wir eben die Runde. Viel Spaß!"

Getrennt gingen sie von einem zum anderen, von Gruppe zu Gruppe. Carla wurde von den Männern angestarrt, aber mit Respekt behandelt, sobald sie ihr Anliegen vortrug. Sie hatte ungefähr zwanzig Männer befragt, als sie plötzlich am Arm festgehalten wurde.

„Was machen Sie eigentlich?"

Sie wandte sich um. Ein dicker, großer Mann mit Glatze stand neben ihr. Er war offensichtlich Belgier oder Franzose, jedenfalls sah er im Gegensatz zu den meisten Gästen sehr europäisch aus.

„Ich suche meinen Bruder."

„Was ist mit Ihrem Bruder?"

„Er ist verschwunden und hat zuletzt in De Panne gearbeitet."

Der Mann musterte sie mit zusammengekniffenen Augen. „Sind Sie von der Polizei?" fragte er leise.

„Nein, wie kommen Sie denn auf die Idee? Die Polizei behauptet, mein Bruder sei nie in De Panne gewesen."

„Wahrscheinlich war er auch nie hier, wenn die Polizei das sagt. Ich will nicht, daß Sie hier rumschnüffeln." Der Griff um Carlas Arm wurde härter.

Da schlenderte Sternberg gemächlich herbei. „Guten Abend", sagte er höflich. „Sind Sie der Besitzer dieses schönen Cafés?"

Die Augen des Mannes flackerten einen Augenblick unsicher. „Ich bin der Geschäftsführer", antwortete er dann unfreundlich.

„Genau Sie wollte ich sprechen. Haben Sie diesen Mann schon einmal hier gesehen? Er ist der Bruder meiner Frau."

Sternberg legte den Arm um Carla, und der dicke Mann ließ sofort ihren Arm los. Widerwillig nahm er die Fotografie.

„Nein", sagte er schnell. „Ich habe ihn nie gesehen. Außerdem ist es hier so voll, daß man sich einzelne Gesichter sowieso nicht merken kann. Die sehen doch alle gleich aus!"

„Finden Sie?" Sternbergs Stimme klang harmlos, aber Carla konnte an seinen Augen sehen, daß er am liebsten zugeschlagen hätte.

„Außerdem wechseln die so schnell, daß man nicht mitkommt." Der Geschäftsführer des *Eve* hatte einen verächtlichen Ausdruck im Gesicht.

„Und warum wechseln sie so schnell?"

Der Mann starrte Sternberg wütend an. „Wollen Sie mich für dumm verkaufen?"

„*Ich?* Warum sollte ich das tun? Ich suche nach meinem Schwager."

„Dann stellen Sie nicht so blöde Fragen, sondern verschwinden Sie!"

„Ich dachte, das sei ein öffentliches Lokal?"

„Ja, aber nicht für Schnüffler!"

„Nur für Leiharbeiter, wie?" Sternbergs Stimme hatte einen metallischen Klang.

Der Mann atmete tief ein und wippte dann auf den Zehenspitzen.

Sternberg lächelte sanft. „Wir gehen gleich – wir wollen nur noch unser Bier austrinken. Sie erlauben doch?"

Er schob den Geschäftsführer zur Seite, nahm Carlas Arm und ging mit ihr zur Bar zurück.

„Dieser Laden ist oberfaul", sagte er.

Carla nickte. Sie nahmen ihre Biergläser und beobachteten die Umstehenden. Die Männer diskutierten heftig und blickten sich immer wieder nach den beiden Polizeibeamten um. Der dicke Geschäftsführer verschwand in einer Tür hinter der Bar.

„Ich werde jetzt auf die Toilette gehen", sagte Carla, nach-

dem er verschwunden war. „Wenn eines der Mädchen etwas weiß und es auch sagen will, dann ist das die einzige Chance."
„Paß gut auf dich auf."

Carla kniff ein Auge zu und drängte sich auffällig durch die Gäste in Richtung Toilette. Ein trauriger, blaugrau gestrichener Gang führte zum Damenklo. Carla sah sich um, aber niemand folgte ihr. Sie öffnete die Toilettentür – es sah dort so aus, wie sie sich die Toilette des *Eve* vorgestellt hatte: abgeblättertes Rosa, unangenehmer Geruch – eine Mischung aus Parfüm und Desinfektionsmitteln, ein Korb voll benutzter Papierhandtücher, eine Pfütze Wasser unter dem schmuddeligen Waschbecken. Carla tastete nach der Pistole, die sie im Schulterhalfter trug, dann öffnete sie ihre Tasche und zog einen Kamm und ihren Lippenstift heraus. Sie trödelte herum, wusch sich die Hände, betätigte die Wasserspülung, kämmte sich dreimal. Nichts tat sich. Als sie sich schließlich wieder der Tür zuwandte, um zu gehen, hörte sie Schritte. Schnell trat sie wieder vor das Waschbecken und beobachtete im Spiegel die Tür.

Das rosarote Mädchen kam herein und stellte sich neben sie. „Heiß da drinnen, nicht wahr?" sagte die junge Frau laut und schob dabei blitzschnell einen Zettel zu Carla hinüber. „Gehen Sie", flüsterte sie und verschwand in der Klokabine.

Carla steckte den Zettel in ihre Jackentasche und verließ den Waschraum. Die Musik war inzwischen lauter geworden, und einige Mädchen tanzten mit den Arbeitern. Die Spielautomaten rasselten und blinkten. Carla trank ihr Bier aus.

„Laß uns gehen, ich habe schon bezahlt", sagte Sternberg.

Die Blicke des Geschäftsführers folgten ihnen und auch die einiger Gäste.

Carla ging sehr zielstrebig an der Hafenmole entlang.

„Wo willst du hin?" fragte Sternberg.

„Zur dritten hellen Laterne", antwortete sie.

„Warum ausgerechnet zur dritten?"

„Weil ich einen Zettel in meiner Tasche habe, den ich ungestört lesen will!"

Sie blieben erst unter der vierten Laterne stehen, denn dort verdeckte ein großer Lastwagen die Sicht auf das *Eve*. Carla faltete den Zettel auseinander.

> Gehen Sie rechts bis zur nächsten
> Straßenecke, biegen Sie in die
> Straße ein, und warten Sie!

Sternberg sah sich um. „Rechts sind wir schon gegangen, und dort drüben ist die Straße. Vielleicht kommt ja der sympathische Dicke mit ein paar Schlägern?"

„Lassen wir uns überraschen."

Sie überquerten die Straße und stellten sich an den angegebenen Platz. Die Geschäfte hatten schon lange geschlossen, und außer einem alten Mann und seinem Hund war niemand zu sehen. Sie warteten zehn Minuten und begannen zu frieren, denn die Luft war feucht und kalt.

Schließlich verließen zwei Männer das *Eve* und näherten sich ihnen langsam.

„Paß auf!" sagte Sternberg leise.

„Das sagst du heute schon zum zweitenmal."

Die Männer gingen an ihnen vorüber, ohne sie anzusehen.

„Kommen Sie mit", sagte der eine und wandte nicht einmal den Kopf dabei.

Carla und Sternberg folgten den Männern in einigem Abstand. Zwei Straßen weiter blieben die beiden stehen. Ihre Gesichter waren im Dunkel nur zu ahnen, aber es waren ebenfalls Nordafrikaner, soviel konnte Sternberg erkennen.

„Ich kenne den Mann auf dem Foto", sagte der kleinere der beiden. „Er wohnte neben mir im Wohnheim für Leiharbeiter. Er hieß Hassan al Adr und war Marokkaner wie ich. Hassan ist vor vier Wochen verschwunden. Man sagte mir, er sei nach Hause gefahren, aber er ist tot, nicht wahr?"

„Wie kommen Sie darauf?" fragte Sternberg.

„Weil ich weiß, wie Tote aussehen. Der Mann auf dem Foto ist tot, und es ist Hassan."

Sternberg nickte. Der Mann reichte ihm einen Zettel. „Das ist die Adresse des Wohnheimes und die Zimmernummer von Hassan. Er ist vom selben Arbeitsvermittler eingestellt worden wie ich. Von Chevalier, dem auch das *Eve* gehört. Sein Büro werden Sie leicht finden, es steht im Telefonbuch."

Der Mann klopfte Sternberg auf die Schulter, nickte Carla zu, und dann gingen die beiden weiter, ohne sich noch einmal umzuwenden.

29 Die Kollegen vom Polizeirevier 2 De Panne waren nur widerwillig bereit, dem deutschen Kommissar bei seinen Ermittlungen zu helfen. Einzig ein junger Beamter mit auffallend weißblonden Haaren und roten Backen schien von grimmigem Eifer erfüllt.

„Sehen Sie, Kommissar Sternberg", sagte sein älterer Kollege, der Charles Mollier hieß und einen müden Gesichtsausdruck hatte, „wir führen hier seit Jahren einen zermürbenden Kleinkrieg gegen mangelnde Sicherheitsvorkehrungen bei Atomtransporten, gegen Drogenhändler, die mit den Nordafrikanern hierher kamen, gegen die Praktiken der Arbeitsvermittler. Die übergeordneten Behörden lassen uns dabei weitgehend im Stich – Hauptsache, die Wiederaufarbeitungsanlage läuft einigermaßen reibungslos. Ich glaube nicht, daß wir eine Spur von Ihrem Hassan al Adr finden werden."

„Aber es ist auch möglich, daß wir sie einmal drankriegen", wandte de Vries ein, der von der holländischen Grenze stammte.

„Ich weiß nicht mal, ob ich mir das wirklich wünsche", antwortete Mollier.

Der Einsatzwagen rollte vor dem Eingang des Wohnheims für Leiharbeiter aus. Nur zwei Fenster waren erleuchtet, obwohl es erst halb zehn Uhr abends war.

„Die sind alle im *Eve*", erklärte de Vries seinen deutschen Kollegen.

Sie betraten das Haus und klingelten an der Tür des Hausverwalters. Ein kleiner, dünner Mann im Unterhemd öffnete.

„Polizei!" De Vries hielt dem Mann seinen Ausweis vor die Nase. „Wir brauchen eine Auskunft von Ihnen. Kennen Sie diesen Mann?"

Der Hausmeister blinzelte auf das Foto, dann verschwand er in seiner Wohnung und kehrte mit einer Brille zurück.

„Nein!" sagte er kurz und bestimmt. „Nie gesehen. Hat er was ausgefressen?"

„Vielleicht", antwortete de Vries ausweichend. „Ich muß Sie trotzdem bitten, uns das Zimmer 17 aufzusperren. Dort soll der Mann nämlich bis vor vier Wochen gewohnt haben."

„Aber er hat hier nicht gewohnt! Wie heißt er denn überhaupt?"

„Hassan al Adr."

Der Mann kratzte sich am Ohr und zog seine Hose hoch. „Nie gehört!"

„Macht nichts. Wir wollen sein Zimmer trotzdem sehen."

„Aber da wohnt doch einer! Wir können nicht einfach reingehen."

„Mann, machen Sie keinen Ärger! Wir können hineingehen, wenn ich das sage!" De Vries' Stimme war lauter geworden.

Ärgerlich vor sich hinbrummelnd ging der Mann zu einem großen Schlüsselbrett und suchte umständlich. Schließlich kehrte er mit dem Schlüssel Nr. 17 zurück und ging vor ihnen die schmale Steintreppe hinauf. Zimmer 17 lag im zweiten

Stock. Die Flure und das Treppenhaus waren schmuddelig, die Wände voller Flecken, die Türrahmen abgestoßen.

„Hier ist es!" Der Hausmeister war vor einer Tür stehengeblieben.

De Vries klopfte, aber nichts rührte sich. „Machen Sie auf!" sagte er scharf.

Der kleine Mann zuckte die Achseln, öffnete die Tür und knipste das Licht an. Der Raum war winzig, gerade groß genug für ein Feldbett, einen schmalen Schrank und einen Tisch, den man an die Wand klappen konnte. Es paßte nur jeweils einer von ihnen in das Verlies. Das Bett war ordentlich gemacht, im Schrank hingen zwei Hosen und zwei Hemden. Außerdem entdeckten sie einen Elektrokocher und ein paar Büchsen mit Bohnen, Tomaten, etwas Hirse und Nudeln. Nichts deutete auf Hassan al Adr hin oder darauf, daß in diesem Zimmer etwas Ungewöhnliches geschehen sein könnte.

„Da ist nichts zu sehen. Hier wohnt Ahmed. Das ist sowieso eines unserer Luxusapartments." Der Hausmeister grinste.

„Wie lange wohnt Ahmed schon hier?" fragte Sternberg.

„Ich weiß es nicht genau. Die wechseln so schnell."

„Gibt es denn kein Buch, in das Sie die Mieter eintragen?"

Der kleine Mann sah unglücklich aus und zog die Schultern hoch. „Die meisten sind gar nicht gemeldet, das wissen Sie doch besser als ich! Das Heim gehört Chevalier, und ich bin nur der Hausmeister." Er sah de Vries vorwurfsvoll an.

„Ja, ja", murmelte der junge Polizist. „Aber das kann Sie noch teuer zu stehen kommen."

Er berührte seine Mütze mit zwei Fingern und drehte sich um. Dann verließen sie das trostlose Gebäude und stiegen wieder in den Polizeiwagen.

„Wir fahren am besten gleich zu Chevalier", sagte Mollier plötzlich.

„Nanu, du bekommst doch nicht etwa Geschmack an der Sache?" fragte de Vries erstaunt.

„Nein, aber ich finde es schlimm, wie man hier mit Menschen umgeht!"

De Vries nickte und startete den Motor. Sie fuhren durch den neuen Teil von De Panne. Die Straßen waren breit und leer, die Vorgärten noch nicht angelegt. Chevaliers Haus lag an einem Flüßchen und hatte einen großen Garten mit alten Bäumen. An dem hohen Eisentor war eine Sprechanlage angebracht. De Vries mußte eine ganze Weile verhandeln, ehe sie eingelassen wurden.

Chevalier erwartete sie in der offenen Tür seiner Villa. Er betrachtete nachdenklich die vier Polizeibeamten und nickte dann. „Guten Abend. Sie wünschen?"

Er ähnelte verblüffend dem Geschäftsführer des *Eve*. Auch er hatte eine Glatze und ein rundes Gesicht mit kräftiger Nase. Seine Augen waren klein und in schwere Tränensäcke eingebettet. Er mochte Ende Vierzig sein.

„Guten Abend, Monsieur Chevalier. Es tut mir leid, daß wir Sie um diese Zeit noch stören müssen, aber wir haben einige Fragen", sagte Mollier fast respektvoll.

„Worum geht es?"

„Es geht um einen Marokkaner namens Hassan al Adr. Er hat angeblich hier gearbeitet, und er ist verschwunden. Kollegen haben sein Foto wiedererkannt. Deshalb müssen wir Sie bitten, in Ihrer Kartei nachzusehen, ob Sie Unterlagen über den Mann haben."

Chevalier steckte die rechte Hand in die Tasche. „Der Name sagt mir nichts. Hat das nicht bis morgen Zeit?"

„Nein, Monsieur Chevalier, eigentlich nicht", antwortete Mollier und räusperte sich umständlich. „Wir müssen Sie bitten, jetzt gleich mit uns in Ihr Büro zu fahren."

Chevalier fixierte de Vries' Schuhe. „Na gut", sagte er endlich. „Ich komme mit. Allerdings möchte ich meinen eigenen Wagen benutzen."

„Gut", sagte de Vries, „dann fahre ich mit Ihnen, wenn Sie

gestatten."

Chevalier hob heftig den Kopf. „Mißtrauen Sie mir etwa?"
„Nein, nein – es ist nur eine Dienstvorschrift", antwortete de Vries freundlich.

Chevalier zuckte die Achseln, holte seinen Wagenschlüssel und rief etwas ins Haus, das sie nicht verstehen konnten. Dann bestieg er mit de Vries einen großen, dunklen Citroën, der vor dem Haus parkte.

„Das geht mir zu glatt", sagte Charles Mollier, als sie wieder in dem Polizeifahrzeug saßen. „Entweder gibt es diesen Hassan wirklich nicht, oder sie haben alle Spuren so gründlich beseitigt, daß Chevalier nichts befürchten muß."

Als sie die Altstadt von De Panne erreicht hatten, begann das Funkgerät zu piepsen. Charles drückte auf die Taste und nahm das Mikrofon. „Hier Wagen 15, Mollier. Was gibt's?"
„Hier Funkzentrale. Der Werkschutz von De Panne hat angerufen. Sie haben ein unbekanntes Schiff vor der Anlage gesichtet. Angeblich eines von den Greenpeace-Schiffen. Sie haben die Leute aufgefordert abzudampfen, aber die wollen nicht. Der Werkschutz fährt jetzt raus, will aber Unterstützung von der Polizei. Habt ihr was zu tun, oder könnt ihr das übernehmen?"
„Nein, wir haben zu tun. Wir überprüfen gerade Chevalier. Aber wenn wir fertig sind, dann kommen wir nach."

Mollier steckte das Mikrofon wieder an seinen Platz zurück und bemühte sich, Chevaliers Wagen zu folgen.

„Das ist die *Strandflieder*", sagte Carla leise zu Sternberg.
Er nickte und drückte kurz ihre Hand.

30 Chevaliers Büro lag in einem schönen alten Bürgerhaus mit dezenten Schnörkeln an der Fassade. „Chevalier-Arbeitsvermittlung" stand in großen weißen Neonbuchstaben über dem Eingang.

„Sieht aus wie das Café *Eve,* nur dezenter", sagte Sternberg.

Charles Mollier nickte. „Im Prinzip ist es auch dasselbe. Im *Eve* zieht er den Leuten das Geld aus der Tasche, das er ihnen hier vermittelt. Ziemlich mieser Typ, dieser Chevalier."

Sie stiegen aus dem Wagen und folgten Chevalier in dessen Büro.

„Ich kenne mich mit der Kartei nicht besonders gut aus, das machen meine Sekretärinnen. Aber ich werde es versuchen", sagte er laut.

Das Büro war einfach eingerichtet, sozusagen den Umständen geschickt angepaßt, um die armen Marokkaner, Algerier und Tunesier nicht zu erschrecken: eine Holztruhe, dahinter Büroschränke aus Metall und in einer Ecke der unvermeidliche Computer. Der Linoleumfußboden war abgetreten, Aschenbecher auf hohen Gestellen standen herum. An der Wand hing ein Kalender mit einem blonden Mädchen im Badeanzug.

„Woher kommen denn immer wieder die vielen neuen Arbeiter, die Sie vermitteln?" fragte Sternberg.

„Es spricht sich herum, daß es hier hochbezahlte Jobs gibt", antwortete Chevalier. „Manche der Leute arbeiten während ihrer Urlaubszeit in De Panne und machen einen schönen Schnitt dabei. Hier wird Leistung noch hoch bezahlt."

„Gut, wir wissen alle, daß Sie das wahre Arbeitsparadies verwalten", erwiderte de Vries schroff. „Sie sagen nur kein

Wort darüber, daß in den letzten Jahren unzählige dieser armen Kerle schwer verseucht wurden und als Gratisbeigabe für den tollen Job auch noch Krebs bekommen werden."

Chevalier lief rot an und wollte aufbrausen, aber de Vries schnitt ihm mit einer Handbewegung das Wort ab. Daraufhin drehte er sich um und begann die Schränke zu öffnen. „Wann soll dieser Hassan al Adr hier gearbeitet haben?" fragte er mit gepreßter Stimme.

„Vor drei, vier Wochen."

Chevalier suchte umständlich herum, nahm schließlich einen Karteikasten heraus und stellte ihn auf die Holztheke. „Al Adr", wiederholte er und befeuchtete seinen Daumen, um die Karteikarten besser durchblättern zu können.

„Keiner dabei", sagte er nach einer Weile.

De Vries schaute ihm über die Schulter.

„Nein, da ist nichts, weder unter Adr noch unter al Adr. Ich habe es Ihnen gleich gesagt, daß es ihn nicht gibt!"

„Doch, es gibt ihn." Sternberg gab sich besondere Mühe, fehlerfrei Französisch zu sprechen. „Wir haben nämlich seine Leiche gefunden, und die war voll Plutonium. Aber daran ist er nicht gestorben. Er hat einen Schlag auf den Kopf bekommen, und wir wüßten gern, von wem. Vielleicht können Sie es uns sagen?"

Chevalier war blaß geworden und stützte sich mit beiden Händen auf der Holztheke ab. „Wie kommen Sie dazu, mich zu verdächtigen! Ich habe diesen Mann noch nie in meinem Leben gesehen. Wer sind Sie überhaupt?"

Sternberg verbeugte sich leicht. „Kommissar Philip Sternberg von der Umweltzentrale der Bundesrepublik Deutschland. Ich habe Sie außerdem gar nicht verdächtigt, Monsieur Chevalier!" Er musterte den Arbeitsvermittler nachdenklich. „Es wäre allerdings günstiger für Sie, wenn Sie zugeben würden, daß Sie Hassan al Adr nach De Panne vermittelt haben."

Chevalier rieb seinen blanken Schädel, kleine Schweißperlen standen auf seiner Oberlippe. „Ich werde in meinem Privatbüro nachsehen, und ich werde meinen Rechtsanwalt anrufen."

„Beides wäre sicher sehr günstig für Sie", sagte Sternberg beinahe freundlich.

Chevalier öffnete eine der drei Türen, die vom Büro aus zu sehen waren, und verschwand in dem dahinterliegenden Raum. De Vries folgte ihm schnell. Ein rumpelndes Geräusch alarmierte die anderen. Sie stürmten in das Nebenzimmer. Ein Stuhl und eine Lampe lagen am Boden. De Vries hielt Chevaliers Arm im Polizeigriff.

„Er wollte abhauen", keuchte er. „Ich habe ihn gerade noch erwischt!"

„Ich wollte nur auf die Toilette gehen", sagte Chevalier, dessen Arm halb ausgekugelt war.

Charles Mollier ging zu der halbgeöffneten Tür im Hintergrund und sah hinaus. „Befindet sich die Toilette im Freien?" erkundigte er sich höflich.

„Oh, verdammt! Lassen Sie mich endlich los!" schrie Chevalier.

De Vries setzte den Arbeitsvermittler auf dessen Schreibtischsessel, knipste die Lampe an und stellte den Lichtstrahl genau auf Chevaliers Gesicht ein.

„Warum wollten Sie weglaufen?" fragte er.

„Weil ich keine Lust habe, mir länger Ihre dummen Fragen anzuhören! Gehen Sie doch zum Werkschutz oder gleich zur Direkton der WAA. Ich habe damit nichts zu tun. Mir wurde vor drei Wochen gesagt, ich solle die Karteikarte von Hassan al Adr vernichten und keine Fragen stellen. Das habe ich gemacht, mehr nicht. Ich habe keine Ahnung, was mit dem Mann passiert ist."

„Gut", sagte de Vries, „das ist ja immerhin schon etwas. Wenn Sie uns noch ein paar Namen nennen würden – zum Beispiel, wer Ihnen den Auftrag gab, die Karteikarte zu vernichten –, dann würde die Lage für Sie noch besser werden."

„Ich kenne keine Namen!" Chevaliers Gesicht war grau geworden. „Das sind ja Gestapomethoden, die Sie hier anwenden!"

„Oh!" antwortete de Vries spöttisch. „Ich habe Sie für einen harten Burschen gehalten, aber kaum dreht man Ihnen ein bißchen den Arm um, dann kriegen Sie schon das große Zittern!"

Chevalier starrte ihn haßerfüllt an. „Ich kenne keine Namen. Lassen Sie mich endlich in Ruhe!"

„Laß ihn", lenkte Charles Mollier ein. „Wir nehmen ihn vorläufig fest und verhören ihn später weiter. Wir müssen uns um die Greenpeacer kümmern, sonst gibt es da auch noch Ärger!"

31

Das Schnellboot der belgischen Wasserschutzpolizei verließ den Hafen von De Panne kurz vor zwölf Uhr nachts. Im *Eve* war noch immer Hochbetrieb.

„In zehn Minuten werden wir die *Strandflieder* erreicht haben", sagte de Vries. Er sah sehr zufrieden aus, und seine Wangen leuchteten hochrot. Sternberg und Carla hatten ihm und Mollier von ihrer Zusammenarbeit mit Greenpeace erzählt, und die Kollegen hatten ungläubig zugehört.

„Machen Sie das in Übereinstimmung mit den deutschen Behörden?" hatte Mollier gefragt.

„Nein, wir machen das, weil es uns sinnvoll erscheint. Schließlich haben die Greenpeacer auch die Tonne mit dem toten Hassan gefunden", war ihm von Sternberg geantwortet worden.

Die Stadt blieb nun hinter ihnen zurück, das Wasser des Kanals, der zum offenen Meer führte, war schwarz. Links von ihnen tauchte die hell erleuchtete Atomfabrik auf.

„Sieht aus wie ein Hochsicherheitsgefängnis", murmelte Sternberg, und Carla nickte heftig.

„In Belgien gab es schon einmal eine Wiederaufarbeitungsanlage", sagte sie. „Sie hieß Mole und mußte schon in den siebziger Jahren wegen totaler Verseuchung geschlossen werden."

„Na, immerhin hat sie ihren Betrieb einstellen müssen", antwortete Sternberg. „La Hague arbeitet noch immer. Dabei haben sie dort mehr Störfälle, als das Jahr Tage zählt!"

Das Boot fuhr nun auf Höhe der Atomfabrik. Sie konnten uniformierte Wachleute erkennen, die in Eile einen Jeep bestiegen.

„Dort drüben ist der Hafen der WAA, in dem auch größere Frachter anlegen können. Einer ist gerade da, aber es ist zu dunkel, um die Nationalität zu erkennen", sagte de Vries, der sich neben sie an die Reling gestellt hatte.

Der Kanal öffnete sich und ging allmählich in das sanft bewegte, dunkle Meer über. Die *Strandflieder* war noch einen halben Kilometer entfernt. Zwei kleine Boote hatten längsseits an ihr festgemacht.

Carla sah de Vries von der Seite an. „Wie behandeln Sie eigentlich Greenpeacer hierzulande?"

De Vries kaute auf seiner Unterlippe. „Tja", antwortete er zögernd. „Bisher sind die Kollegen ziemlich rauh mit ihnen umgesprungen. Aber sie haben schon Sympathie hier, so ist es nicht. Für den Werkschutz kann ich allerdings nicht garantieren."

„Und wie sollen wir uns verhalten?" fragte Carla und stieß Sternberg leicht an.

„Wir halten uns möglichst raus, denn wir sind hier Gäste!"

„So, wir halten uns raus", murmelte Carla.

Die *Strandflieder* war nur noch zwanzig Meter von ihnen entfernt. Der Kapitän des Schnellboots drosselte die Motoren und legte hinter den anderen Booten an. Sie kletterten hintereinander die Strickleiter hinauf. Ein belgischer Polizist reichte ihnen von oben die Hand. In der Schiffsmesse waren mehr Werkschutzleute zu sehen als Greenpeacer. Piet stand aufrecht in der Mitte, Simon saß auf der Bank; außerdem sah Carla noch zwei Männer in dunklen Seemannspullovern. Das waren vermutlich die Chemiker, die in Holland an Bord gegangen waren, um die Wasseruntersuchungen durchzuführen.

„Wir wollen hier nur für eine Nacht ankern", sagte Piet gerade in schwerfälligem Französisch.

„Aber ihr habt ein Schlauchboot ausgesetzt und seid zur WAA rübergefahren! Was habt ihr da gemacht?" rief einer der Werkschutzleute.

„Warum interessiert Sie das?" Piet stand sehr gerade da.

„Es interessiert uns, weil wir für die Sicherheit dieser Anlage verantwortlich sind!"

Die Männer vom Werkschutz trugen dunkelblaue Uniformen mit auffälligen Gürteln, an denen je ein Schlagstock und eine Pistole baumelten.

„Die haben Wasserproben genommen, das ist doch ganz klar!" sagte ein zweiter Wachmann. „Und das ist illegal, weißt du das?" Er drängte sich dicht an Piet heran.

Sternberg stand hinter Carla. De Vries und Mollier sahen ihr ebenfalls über die Schulter.

„Dürfen die so mit den Greenpeacern umgehen?" fragte Carla leise.

De Vries zuckte die Achseln. „Sie werden ihnen schon nichts tun."

In der Schiffsmesse war inzwischen eine Art Handgemenge ausgebrochen, allerdings mehr von seiten der Wachleute, denn Piet, Simon und die anderen beiden Männer beteiligten sich nicht daran.

„Wo sind die Wasserproben, he!" schrie einer der Uniformierten und versetzte Piet einen Stoß.

Piet verschränkte die Arme über der Brust und streckte trotzig seinen roten Bart vor. „Ein Grundsatz von Greenpeace ist Gewaltfreiheit", sagte er so würdevoll, daß Carla lächeln mußte.

„Dann durchsuchen wir eben das Schiff!" Die Werkschutzmänner verschwanden über die schmale Eisentreppe in den Maschinenraum. Dort unten befand sich auch das Labor der *Strandflieder*.

Carla drängte sich an den Polizisten vorbei zu Piet. „Wo ist Britta?" fragte sie.

Piet lächelte ein wenig, als der Carla erkannte. „Habt *ihr* uns diese wilden Kerle auf den Hals gehetzt?" fragte er.

„Quatsch! Aber wo ist Britta?"

„Sie ist unten bei Petra oder in ihrer Kabine."

Carla ging zur Eisentreppe. Sie hörte, wie die Männer des Werkschutzes im Labor herumfuhrwerkten. Es klirrte und krachte. Sie kletterte schnell die Leiter hinunter und stellte sich in die Tür.

Die Uniformierten waren gerade dabei, das Labor zu zerstören.

„Darf ich Sie darauf aufmerksam machen, daß Sie mehrere Straftaten gleichzeitig begehen!" sagte Carla laut.

Die Männer fuhren erstaunt herum.

„Was wollen Sie denn hier, kleine Dame?" fragte einer von ihnen und kam auf Carla zu. „Sind Sie vielleicht auch so eine Umweltkämpferin? Wo hatten Sie sich denn versteckt?"

Carla sah ihm ruhig entgegen. Kalte Wut stieg in ihr auf. Diese Männer verkörperten genau die Art brutaler Gewalt, die sie am meisten fürchtete. So mochten auch SA-Leute im Dritten Reich die Wohnungen der Juden verwüstet haben. Der Mann stand breitbeinig vor ihr, aber sein Gesichtsausdruck war nicht mehr so selbstsicher wie noch vor ein paar Sekunden.

Carlas Ruhe machte ihn offensichtlich nervös.

Sie stand ganz locker vor ihm, bereit, ihn mit zwei Griffen zu Boden zu werfen.

„Polizei!" sagte sie. „Ich muß Sie bitten, diesen Raum sofort zu verlassen. Es gibt kein Gesetz, das verbietet, Wasserproben zu nehmen. Das ist Ihr eigenes Gesetz, meine Herren!"

Die Männer starrten Carla ungläubig an.

„Dann zeigen Sie mal Ihren Ausweis, Fräuleinchen!" sagte der Anführer langsam.

Carla ließ ihn nicht aus den Augen, während sie mit einer Hand den Dienstausweis aus ihrer Jackentasche zog.

„Das ist ja gar kein belgischer Ausweis, das ist ein deutscher! Was haben Sie hier zu suchen?"

„Das werde ich Ihnen später erklären. Verlassen Sie jetzt diesen Raum!"

Widerwillig gingen die Männer an Carla vorüber zur Eisentreppe und kletterten wieder nach oben. Carla sah sich um. Das Labor war mit Glasscherben übersät, verschiedene Flüssigkeiten hatten sich auf den Boden ergossen. Sie ging in den Maschinenraum.

„Petra! Britta!" rief sie.

„Ich bin hier", antwortete Petra, und ihr ölverschmiertes Gesicht tauchte hinter dem breiten Dieselmotor auf. „Britta ist in ihrer Kabine!"

Carla wandte sich um und stieg wieder zur Schiffsmesse hinauf. Sternberg und de Vries redeten heftig auf die Werkschutzleute und die Greenpeacer ein. Keiner achtete auf Carla. Sie schlüpfte durch die Tür zu den Kabinen. Zwei der Werkschutzleute hatten das bereits vor ihr getan und waren in Brittas Kabine eingedrungen.

„Du versteckst doch was! Gib die Proben her!" hörte Carla einen Mann drohend sagen. Dann folgten klatschende Schläge und ein Aufschrei.

Carla sprang in das winzige Zimmer. „Lassen Sie das Mädchen los!" Carla handelte, ohne nachzudenken. Sie zog ihre Pistole, als einer der Männer nach seiner Waffe greifen wollte.

„Verschwinden Sie! Raus!"

Britta kauerte in der Ecke der schmalen Kabine.

„Raus!" wiederholte Carla. Sie ging rückwärts auf den Gang hinaus und stellte sich neben die Kabinentür.

Die Männer zogen sich langsam zurück und gingen vor Carla her zur Schiffsmesse. Als sie dort angekommen waren, gab Carla Sternberg ein Zeichen.

„Laß keinen von denen hier herein!" rief sie ihm zu.

Er nickte und stellte sich vor die Tür.

Carla kehrte zu Britta zurück, die noch immer in der Ecke kauerte. Eine ihrer Wangen war rot und zeigte deutlich die Fingerabdrücke des Wachmanns. Carla faßte das Mädchen an beiden Schultern und zog es hoch.

„Sie haben dich geschlagen, nicht wahr?"

Britta nickte und begann zu weinen. Kleine, unterdrückte Schluchzer drangen aus ihrer Kehle. Sie lehnte sich an Carla, und ihr Weinen wurde lauter und heftiger. Carla stand ganz still. Sie hatte einen Arm um Britta gelegt und sah an dem dunklen Haar des Mädchens vorbei auf die Wand. Dort hing das Bild einer unberührten Landschaft mit einem herrlichen Eisvogel im Vordergrund. Britta weinte lange, dann richtete sie sich auf und strich ihr Haar zurück. Ihre Augen waren rot verquollen.

„Entschuldigen Sie."

„Was denn?"

„Daß ich hier so herumheule. Aber ich – kann es nicht ertragen, wenn ich geschlagen werde. Ich bin von zu Hause abgehauen, weil sie mich immer geschlagen haben. Ich bin nämlich erst sechzehn, und ich will nie wieder nach Hause zurück!"

Carla streichelte über die glatten Haare des Mädchens. „Das kann ich verstehen", sagte sie leise. „Meine Mutter ist auch mit sechzehn von zu Hause weggelaufen, weil ihr Vater sie geschlagen hat. Ich werde bestimmt nicht verraten, daß du auf der *Strandflieder* lebst."

„Ehrenwort?" Britta sah Carla fiebernd an.

„Ehrenwort!"

„Und der Kommissar?"

„Der sagt auch nichts. Er ist schwer in Ordnung."

Ein winziges Lächeln erschien auf Brittas Gesicht, und dann schlug sie die Bettdecke zurück. Dort lagen auf dem weichen Kopfkissen die Wasserproben in vielen Fläschchen und Gläsern.

„Du hast die Wasserproben gerettet, Britta! Das war doch fast ein paar Ohrfeigen wert. Wenn sie im Labor geblieben wären, dann gäbe es sie nicht mehr. Dort haben sie alles zerschlagen."

Britta atmete tief ein, und ihr Lächeln wurde breiter.

32 Chevalier wurde in dieser Nacht noch viermal verhört. Dreimal erinnerte er sich an gar nichts. Beim vierten Mal war es fünf Uhr morgens, und er sah sehr schlecht aus, denn man hatte ihn keine Minute schlafen lassen.

De Vries aber hatte noch immer rote Wangen, und er ließ nicht locker. Sternberg und Carla unterstützten ihn bei den Fragen an Chevalier. Um 5 Uhr 25 brach Chevalier zusammen. Kalter Schweiß stand ihm auf der Stirn.

„Es waren Tessier, Venton und Lasalle. Sie wollten von mir wissen, wo Hassan al Adr wohnt. Ich wußte aber nicht, was sie vorhatten. Das müssen Sie mir glauben! Ich dachte, sie würden ihm eine Abfindung geben. Das ist schon ein paarmal vorgekommen, wenn einer zuviel von dem Zeug abbekommen hat!"

De Vries zündete sich eine Zigarette an. „Und wer ordnet so etwas an?" fragte er erbarmungslos weiter.

„Ich weiß es nicht!" schrie Chevalier und schluchzte auf. „Ich weiß es wirklich nicht. Fragen Sie die anderen, aber nicht mich. Ich kann es Ihnen nicht sagen!"

„Okay, bringen Sie ihn in seine Zelle, und lassen Sie ihn schlafen", sagte de Vries zu einem jungen Polizisten, der neben der Tür saß.

Chevalier schwankte, als er hinausgeführt wurde.

„Gut", murmelte de Vries. „Um acht Uhr beginnt die nächste Schicht, dann fahren wir raus und holen uns die Leute. Bis dahin sollten wir uns auch noch ein bißchen aufs Ohr legen. Ich schlafe hier. Soll ich Sie ins Hotel fahren?"

„Nein, danke", antwortete Sternberg. „Wir gehen zu Fuß, es ist nicht weit."

Er hakte Carla unter, und sie verließen das Polizeirevier und gingen zum Hafen hinunter. Es war kalt.

„Bald wird es Frost geben", sagte Carla und gähnte.

„Ja", erwiderte Sternberg. „Davon abgesehen bin ich so müde, daß ich wahrscheinlich ins Hafenbecken fallen werde."

„Sieh mal, da liegt die *Strandflieder*, und es ist noch Licht an Bord!"

Die *Strandflieder* war von den Polizeibooten in den Hafen geleitet worden. Hier sollte sie bis zum Abschluß der Untersuchungen bleiben.

„Carla, bleib hier. Ich hab' jetzt die Nase voll!" rief Sternberg.

Aber Carla hatte sich von ihm losgemacht und war zu dem Schiff gelaufen. Sie sprang an Bord und klopfte an eine Fensterscheibe. Eine Weile blieb alles still, dann erschien Piets verstrubbelter Kopf in der Tür.

„Hallo, Piet! Was macht ihr denn noch?"

„Wir haben die Wasserproben untersucht. Gott sei Dank gibt es heutzutage Methoden, mit denen man Plutonium in wenigen Stunden nachweisen kann. Wir haben Werte von 0,2 bis 0,5

Milligramm pro Liter gefunden. Das reicht. Entweder hatten die kürzlich einen größeren Störfall, oder sie lassen das Zeug einfach ins Meer ab."

„He, was ist denn da los?" Ein verschlafener Polizist stieg aus seinem Fahrzeug, das neben der *Strandflieder* stand.

„Das ist unsere persönliche Schutzmacht!" Piet grinste.

„Gute Nacht oder besser: Guten Morgen!" rief Carla und kehrte zu Sternberg zurück.

„Sie haben Plutonium im Meerwasser nachgewiesen... Bist du etwa noch müde?"

„Nein, fast gar nicht mehr." Sternberg gähnte.

„Du bist ein alter Mann", sagte Carla. „Wie alt bist du eigentlich genau?"

„Ich bin genau zweiunddreißig Jahre und vier Monate alt."

„Doch nicht so alt! Dann gehen wir jetzt Muscheln essen. Vielleicht hat Valier sie für uns warm gehalten."

Sternberg lachte und legte den Arm um Carlas Schultern. Sie schlenderten am Café *Eve* vorbei, das längst geschlossen hatte. Sogar die Neonbeleuchtung war ausgeschaltet worden. Ein paar Möwen schrien verschlafen.

Als sie kurz nach sechs Uhr das Hotel *Sur Mer* erreichten, war der Wirt gerade aufgestanden. Er öffnete die Tür und trug bereits seine lange weiße Schürze.

„Wo kommen Sie um Himmels willen jetzt her?" fragte er vorwurfsvoll. „Ich habe mir Sorgen um Sie gemacht!"

„Das ist sehr freundlich von Ihnen", antwortete Sternberg. „Aber noch netter wäre es, wenn Sie uns die Muscheln zum Frühstück servieren würden, die wir eigentlich gestern abend essen wollten."

Valier riß die Augen auf und lachte dann. „Warum nicht!" rief er.

„Aber sie kommen auch wirklich nicht aus De Panne?"

Der Wirt legte seine rechte Hand auf das Herz und verbeugte sich, bevor er in der Küche verschwand.

33 Als Carla und Sternberg wenige Stunden später zum Polizeirevier 2 gingen, schien die Sonne. Die *Strandflieder* lag friedlich im Hafen, bewacht von zwei noch immer schläfrigen Polizisten. Das Café *Eve* wirkte im Morgenlicht verstaubt. Die Fenster waren schmutzig und die Neonbuchstaben verrußt.

Das Polizeirevier lag in einem alten, weißgestrichenen Haus, dessen Putz schon ein wenig bröckelte. Eine große weiße Möwe saß auf dem Treppengeländer und schwang sich schwerfällig in die Luft, als Carla und Sternberg die Stufen betraten. De Vries hatte sich noch nicht bei ihnen gemeldet. Sie klingelten an der dunkelbraunen Holztür, denn es gab kein Polizeirevier mehr in Europa, in das man einfach hineingehen konnte. Ein kleines Schiebefenster wurde geöffnet, und ein junger Beamter lugte hervor.

„Sie wünschen?" fragte er höflich.

„Wir möchten zu Mollier und de Vries. Kommissar Sternberg ist mein Name."

„Aha", antwortete der Polizist und öffnete die Tür. „De Vries! Hier ist Besuch für dich!"

De Vries' rotwangiges Gesicht tauchte aus einer der Türen auf. Er winkte, und sie gingen zu ihm hinüber.

„Wollen Sie Kaffee?" fragte er fröhlich. „Ich habe gerade frischen gemacht."

„Gern. Woher kommt Ihre gute Laune?" gab Carla zurück.

„Ich war heute schon sehr fleißig. Ich habe die Werkschutzleute Tessier, Venton und Lasalle in ihren Wohnungen festgenommen. Plötzlich kam mir der Gedanke, das könnte einfacher sein als in dieser Festung da draußen!" De Vries schenkte in dicke, blaue Tassen ein und reichte sie seinen Kollegen. „Die drei haben auch schon eine Menge erzählt. Eigentlich fast alles, nur das Wichtigste fehlt noch: die Namen der Verantwortlichen für diese üble Geschichte."

Carla setzte sich auf einen lederbezogenen Holzstuhl. „Ich möchte die Geschichte gerne hören", sagte sie.

Sternberg stand am Fenster und schaute in den grünen Hinterhof hinaus. Wilder Wein wuchs an den Mauern empor. Seine Blätter waren schon rot und gelb gefärbt. Spatzen hüpften auf dem Dach gegenüber herum. „Ich möchte die Geschichte eigentlich nicht hören", dachte er und schloß die Augen vor dem grellen Sonnenlicht. „So wie ich manche wahren und grausamen Filme nicht ertrage, sondern lieber Hollywoodschnulzen mit Happy-End sehe, so will ich die Geschichte eigentlich nicht wissen." Er trank einen Schluck Kaffee und dachte an das Muschelfrühstück mit Carla. Er hatte ihr von den Katzen erzählt, die ein seltsames, wildes Leben in seinem Münchner Hinterhof führten, und sie von ihrer verrückten italienischen Familie. Ihr Gelächter, das wegen der Übermüdung manchmal sehr laut geworden war, hatte den Wirt immer wieder aus seiner Küche gelockt.

Sternberg öffnete die Augen wieder.

De Vries stand sehr aufrecht in dem kleinen Dienstraum. Seine weißblonden Haare waren von der langen Nacht zerzaust, aber seine Augen leuchteten. Er begann mit heiserer Stimme zu sprechen: „Hassan al Adr war ein ganz normaler marokkanischer Leiharbeiter. Er machte diesen Job schon seit einigen Jahren, zog sozusagen von Atomkraftwerk zu Chemieanlage, von Baustelle zu Wiederaufarbeitungsanlage. Aber etwas unterschied ihn von den anderen: Er interessierte sich dafür, was er eigentlich machte. Er las Bücher über Atomenergie und Wiederaufarbeitung. Er verstand wahrscheinlich nicht viel von dem, was er da las, denke ich mir jedenfalls. Aber er verstand mit der Zeit eines, nämlich, daß die Arbeit in den Atomanlagen gefährlich war, vielleicht sogar lebensgefährlich."

De Vries zündete sich eine Zigarette an und stieß eine große Rauchwolke aus. Sternberg sah nicht mehr aus dem Fenster, sondern beobachtete seinen Kollegen. Er mochte de Vries und dessen fast heftige Art.

„Und Hassan al Adr machte sich Gedanken darüber, warum vor allem Nordafrikaner die französischen und belgischen Anlagen reinigten und gefährliche Reparaturen ausführten. Es gefiel ihm nicht. Er kam auf die Idee, daß einer der Gründe sein könnte, daß diese Leute arm waren und außerdem keine Ahnung von den wirklichen Gefahren hatten. Er versuchte mit einigen Landsleuten darüber zu reden, aber er hatte wenig Erfolg damit. Sie glaubten ihm nicht und waren an dem Geld viel mehr interessiert."

De Vries machte eine Pause und rauchte zwei Züge.

„Und dann arbeitete er in De Panne. Es kam zu einem Störfall, bei dem plutoniumverseuchtes Wasser den Raum überflutete, in dem er gerade ein Rohr schweißte. Es war viel Wasser, und es waren nur drei Arbeiter im Raum. Hassan al Adr hat am nächsten Tag zufällig die Meßergebnisse erfahren und wußte nun, daß er schwer verseucht worden war. Er hat wohl beschlossen, die Geschichte an die Öffentlichkeit zu bringen. Aber er war dem Werkschutz schon aufgefallen. Ein Beauftragter der WAA fuhr zu ihm in das Wohnheim, um mit ihm zu reden und ihm Geld anzubieten. Hassan wußte nämlich auch, daß das verseuchte Wasser ins Meer geleitet wurde. Hassan aber ließ nicht mit sich reden. In seinem Zimmer lagen bereits frankierte Briefe an verschiedene Zeitungen. Er nahm auch das Geld nicht an. Deshalb hat dann irgend jemand den Werkschutzleuten Tessier, Venton und Lasalle den Auftrag gegeben, Hassan zum Schweigen zu bringen. Sie sollten ihm wohl nur angst machen, aber er ließ sich nicht einschüchtern."

De Vries zog heftig an seiner Zigarette und sah auf den Boden.

Carla umfaßte ihre Kaffeetasse so fest, bis die Knöchel ihrer Finger weiß hervortraten. „Und dann?" fragte sie.

„Venton schlug ihn mit einer Flasche nieder. Al Adr ist wohl kurz darauf gestorben. Sie haben ihn dann weggeschleppt und dem Hausmeister gesagt, er sei nach Hause gefahren. Sie haben sein Zimmer leer geräumt und alles verbrannt. Hassan selbst wurde in eine Tonne mit radioaktivem Abfall gesteckt und in der Nordsee versenkt. Zur Ablenkung legten sie einen Kittel mit der Aufschrift La Hague bei. Chevalier mußte seine Unterlagen vernichten. All das wäre unentdeckt geblieben, wenn Greenpeace die Tonne nicht gefunden hätte. Da wurden sie nervös, versuchten Carla die Liste wegzunehmen und fuhren an der Küste entlang, um zu sehen, ob noch mehr Tonnen aufgetaucht waren. Es waren Leute vom Werkschutz, die der *Strandflieder* vor Juist folgten."

Sternberg sah wieder aus dem Fenster. Er fühlte sich müde und traurig. Die Muscheln lagen ihm schwer im Magen. „Und wer ist für all das verantwortlich?" fragte er.

„Das müssen wir noch herausfinden", antwortete de Vries langsam. „Sie werden schon einen vorschicken. Einer von der Führungsmannschaft wird den Kopf hinhalten müssen, damit sie ihren Betrieb retten können."

„Es kommt darauf an, wie die Menschen auf diese Geschichte reagieren. Greenpeace hat eine hohe Plutoniumkonzentration im Wasser gefunden. Ich glaube nicht, daß die Leute das so einfach hinnehmen werden", sagte Carla müde.

„Hoffentlich", antwortete de Vries und drückte seine Zigarette im Aschenbecher aus.

34 Acht Wochen später wurde die Wiederaufarbeitungsanlage De Panne geschlossen. Zwei Abteilungsleiter und der Direktor wurden der Anstiftung zum Totschlag angeklagt. Außerdem legte man ihnen illegale Versenkung von Atommüll zur Last und die Verseuchung der Gewässer vor der belgischen Küste. Der Name Greenpeace wurde wieder häufiger in den Zeitungen, in Rundfunk und Fernsehen genannt. Viele Demonstranten zogen nach De Panne. Die Pommesfrites-Buden machten gute Geschäfte. Das Café *Eve* aber mußte schließen, denn es gab in De Panne keine Leiharbeiter mehr. Simoni wurde frühzeitig vom Dienst suspendiert und zog wieder nach Italien, um dort Rosen zu züchten.

BARBARA VEIT

**TATORT UMWELT
Der Giftmafia
auf der Spur**
(Band 1)

Im Sommer 1990 liegt brütende Hitze über München.
Unzufrieden sitzen Carla Baran und Philip Sternberg in
ihrem Büro im Umweltdezernat der Polizei. Sie fühlen
sich unausgelastet und wie aufs Abstellgleis gesetzt.
Das ändert sich schlagartig, als ihnen die neuerdings
gehäuft auftretenden Krankheitsfälle mit unerklärlichen
Vergiftungserscheinungen auffallen. Ihre Vorgesetzten
und andere Behörden versuchen das Thema herunter-
zuspielen – da werden die beiden jungen Kommissare
erst recht hellhörig. Die Nachricht vom Tod eines
kleinen Mädchens bringt das Umweltdezernat auf
Hochtouren. Auf eigene Verantwortung, unter Einsatz
ihres Lebens und mit Hilfe gleichgesinnter Kollegen
ermitteln sie weiter. Die heiße Spur führt nach Italien, in
die Filiale eines internationalen Chemiekonzerns...